KB271754

3金 이코노미스트의
2012 경제전망

지은이 _ 김영익 · 김한진 · 김승현
발행인 _ 노성호
출판 · 판매 대행 _ 뿌브아르

출판 등록 · 2008년 12월 16일 제302-2008-00051호
주소 · 서울시 용산구 한강로1가 292-3 세화빌딩 301호
전화 · (02)774-2521, 2522, 2545
팩스 · (02)774-2544

발행일 _ 2012년 1월 13일
값은 표지에 표기돼 있습니다.

ISBN 978-89-94569-23-9 93320

3金 이코노미스트의
2012 경제전망

김영익 | 김한진 | 김승현 _지음

여의도 이코노미스트의
생생한 얘기를 듣고 싶다...

세상에는 다양한 전문가들이 존재한다. 요즘은 '재능기부'도 많아져 반드시 그렇다고 할 수는 없지만 전문가들의 대부분은 '돈'이 몰려있는 곳에 있는 경우가 많다. 연봉이 전문가의 가치를 인정해주는 척도의 하나이기 때문이다.

한국의 여의도는 특수한 곳이다. 국회의사당이 여의도에 있으니 예전에는 '여의도'라고 하면 '정치'란 단어를 떠올렸지만 사실 대부분 사람들에게 이제는 '정치'란 단어보다는 '금융'이란 단어가 떠오를 것이다.

억대 연봉을 받는 사람이 가장 많은 곳이 금융가다. 그중 증권가의 펀드매니저, 애널리스트, 이코노미스트등도 여기에 포함된다. 이들의 예측 하나 하나에 수억, 또는 수조원의 수익이 왔다 갔다하기 때문에 이들의 책임을 클 수밖에 없고 따라서 연봉도 높다.

새해 경제전망은 이코노미스트의 영역이다.

그런데 이코노미스트란 직업은 반드시 금융 쪽에만 존재하지 않는다는 점이 펀드매니저, 애널리스트와 다른 점이다. 삼성경제연구소와 LG경제연구원같은 민간 경제연구기관에도 있고 은행에도 이코노미스트는 있다. 또한 KDI나 한국은행처럼 국가기관이나 준 국가기관에도 근무한다.

이중 '여의도 이코노미스트'는 어떤 점이 다를까?

가장 많은 눈들로부터 '피드백'을 받는다는 점이 다른 곳의 이코노미스트와 구별된다. 주식과 채권같은 유가증권에 투자하는 사람들에게 수익률은 자신의 존재 이유다. '존재 이유'에 영향을 미치는 이코노미스트라면 얼마나 많은 스트레스를 받을지 상상이 될 것이다. 따라서 '여의도 이코노미스트'란 직업을 최소한 5년 이상 거쳤다면 이들을 '영역의 끝까지 가 본 사람'이라고 한다고 해도 틀리지 않다.

물론 다소 과장된 표현이긴 하다. 그러나 매일 코스피지수와 수익률을 염두에 두고 사는 여의도 이코노미스트는 다른 곳의 이코노미스트보다 치열한 심리적 전쟁을 겪고 있는 것은 틀림없는 사실이다. 물론 그렇다고 다른 곳의 이코노미스트들 보다 더 잘 예측하고 더 뛰어나다고 말할 수는 없지만.

그러나 전쟁을 치러본 이코노미스트라면 뭔가 다르지 않을까? 바로 이런 측면에서 '여의도 이코노미스트의 2012 새해전망'을 기획하게 되었다.

다만 현역 경험을 마친 뒤 보다 자유로운 생각으로 시장을 관망할 수 있는 이코노미스트를 염두에 두게 되었다. 현역 이코노미스트들은 아무래도 자신이 속해있는 증권사의 입장에서 자유로울 수 없기 때문이다.

결국 주변을 둘러보아 과거 치열했던 현역시절의 감각을 유지하면서 제 3자의 입장, 또는 약간 떨어져 있는 상태에서 침착한 관조가 가능해 좀 더 다른 시각을 내놓을 이코노미스트를 찾게 되었다.

김영익, 김한진 이코노미스트는 수년전까지 대신, 신영증권에서 베스트 이코노미스트로 이름을 날린 우리나라를 대표하는 경제 전문가다. 완숙기에 접어든 50대 초반의 나이로 자신의 지식을 가장 농익은 상태로 표현할 수 있는 위치에 있다. 마침 증권사에서 물러나 지금은 한국창의, 피데스투자자문에서 연구하고 투자자문을 하는 역할을 하고 있다.

김승현 이코노미스트는 이 글을 쓸 당시 토러스투자증권 리서치헤드 자리에서 물러나 잠깐 옆에서 관조하고 있던 상황이었다.

이런 이유로 '여의도 이코노미스트'는 '3김 이코노미스트'가 되었고 책 제목도 '3김 이코노미스트의 2012 경제전망'이 되었다.

한때 극심한 스트레스를 받으며 여의도를 호령했고 여의도와 함께 상처를 입었으며 지금도 여의도 바로 옆에서 활약하는 3김 이코노미스트의 경제전망은 그런 면에서 다른 '경제전망 책자'와 구별될 것임을 확신한다.

더불어 부록으로 '대신증권 리서치센터의 주식시장 전망'도 함께 실었다. 글을 싣게 해준 조윤남 리서치센터장의 후의에 지면을 통해 감사드린다.

2012년 1월 10일

뿌브아르경제연구소 대표 **노 성 호**

01
종합 전망

02
8대 변수
스케치

02
8대 변수 스케치

03
부록

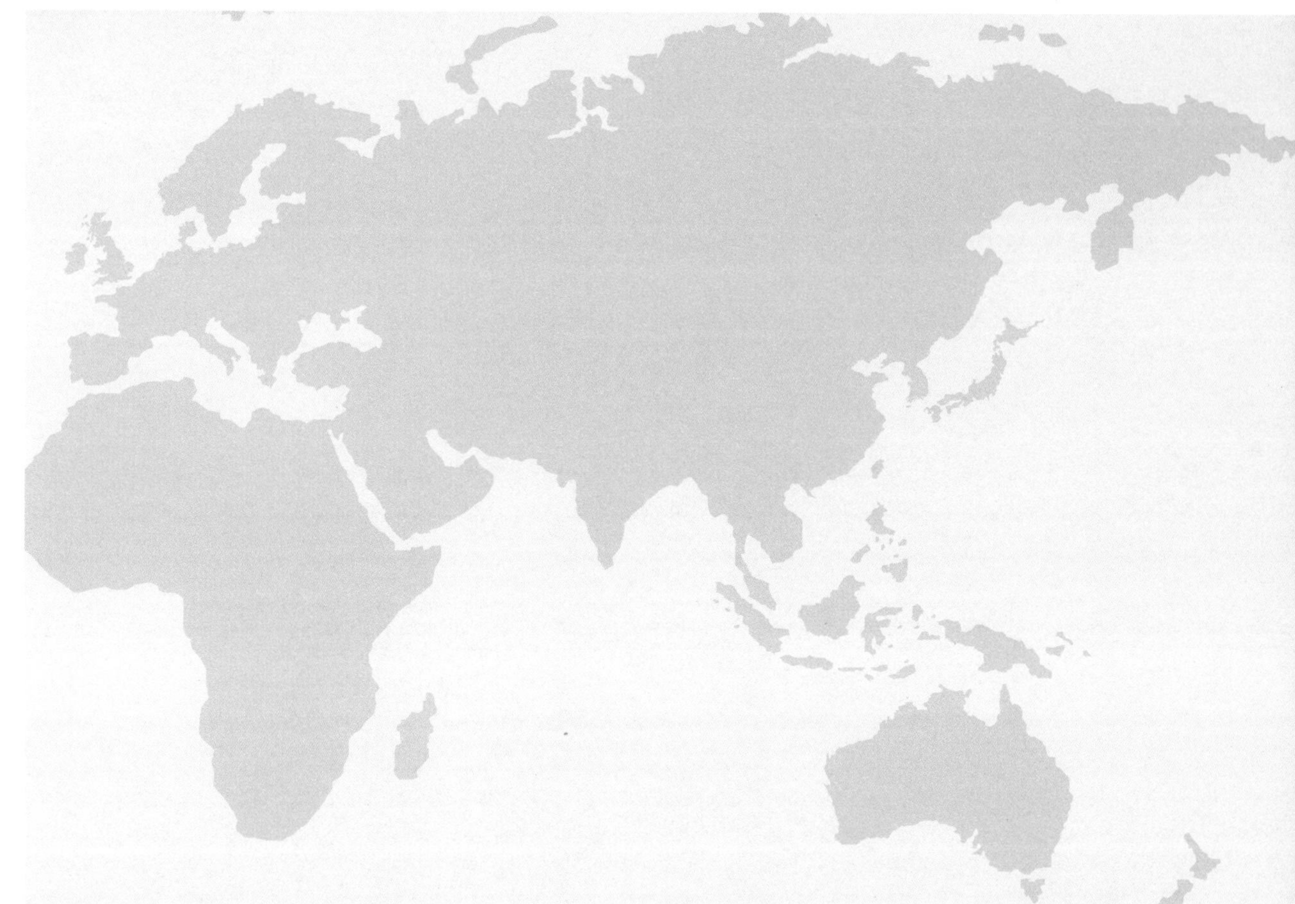

The World in 2012

01

종합 전망

- ▶ 3.7%성장, 하반기부터 회복
- ▶ 미국경제 생각보다 좋을것
- ▶ 원·달러 환율 두자릿 수 시대

3.7% 성장, 하반기부터 회복

2012년 우리 경제는 어떤 모습으로 우리 앞에 다가올까? 특별한 외생적 충격이 없다면 경제란 누적된 과거가 모여 현재를 창조해가는 것이므로 우선 과거를 살펴볼 필요가 있다.

고성장에서 안정성장으로 이전되는 국면

우리 경제는 1997년 말에 국제통화기금(IMF)의 지원을 받을 정도로 경제위기를 겪었다.(이하에서는 1997년의 경제위기를 'IMF' 경제위기로 표현하려 한다). 이 때의 경제위기 원인으로는 동남아 국가들의 외환위기 전염효과, 실물부문에서 과잉투자와 기업의 부실 증가, 은행의 부실채권 증대 등 전반적인 금융시스템의 불안과 더불어 외채구조의 만기 불일치 등이 지적된다. 경제위기를 겪고 이에 대처하는 과정에서 한 나라 경제에는 많은 변화가 일어나게 된다. 1997년 IMF 경제위기 이후 우리는 개방화와 경제개혁을 통해 제도적 효율성을 높이려 했다. 또한 기업들도 정보통신 기술에 투자를 늘려 생산성 증대도 도모했다. 그 결과 우리 경제가 많은 변화를 겪어왔다.

실물경제 부문에서 구조변화는 두 가지로 요약할 수 있다. 하나는 우리 경제가 고성장에서 저성장(혹은 안정성장)으로 이전하게 되었다. 다른 하나는 이와 더불어 투자 효율성이 개선되고 중장기적으로 경상수지, 환율, 금리 등 거시경제변수가 안정되게 되었다.

우리 경제는 지난 1971년부터 1996년까지 연평균 7.4%의 매우 높은 성장을 했다. 이 기간 동안 자본과 노동 투입의 증가가 주로 경제성장의 원동력이었다. 잠재성장 능력도 연평균 7%대로 매우 높았다.

그러나 IMF 경제위기는 우리 경제의 잠재성장 능력을 4~5%로 낮췄다. 실제로 1997년에서 2010년 우리의 실질 경제성장률이 연평균 4.4%로 낮아졌다. 특히 최근 5년(2006~2010년) 동

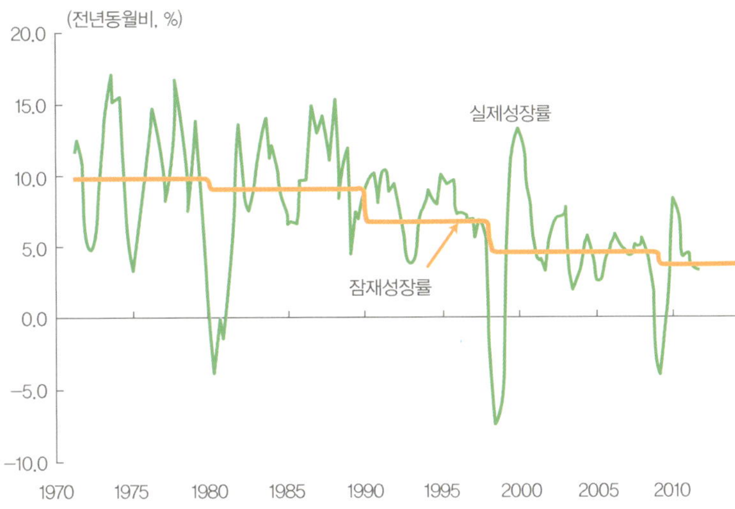

주 : 잠재성장률은 호드릭 – 프레스코트 필터로 추정
자료 : 한국은행

안 연평균 경제성장률은 3.8%로 떨어졌다. 이제 4%만 성장해도 우리가 만족해야 할 시대에 접어든 것이다.

IMF 경제위기 이후 구조적으로 저금리 시대 진입

실물 경제경제에서 나타난 또 다른 특징은 거시경제변수의 안정이다.

우리나라가 올림픽을 개최했던 1988년에 총저축률이 40.4%까지 올라갔으나, 그 이후로 소비가 증가하면서 하락하기 시작했다. 특히 IMF 경제위기를 겪기 직전이었던 1996년에는 34.8%까지 떨어졌다. 그러나 총투자율은 같은 기간에 31.2%에서 38.1%까지 상승했다.

국민경제 전체적으로 보면 저축률은 자금의 공급이고 투자율은 자금의 수요를 나타낸다. 1996년까지 다른 나라에 비해서 높은 저축률에도 불구하고 투자가 더 많아 만성적인 자금부족과 고금리 현상이 지속되었다. 또한 투자율이 저축률을 초과한다는 것은 그만큼 경상수지의 적자를 의미한다. 경상수지 적자는 원화 가치 하락을 초래했고, 이는 다시 물가와 금리 상승 요인으로 작용했다.

그러나 IMF 경제위기 이후에는 상황이 역전되었다. 저축률이 지속적으로 하락했으나, 기업의 투자 위축 등의 영향으로 투자율이 더 낮아졌다. 이에 따라 1998년부터는 저축률이 투자율을 웃돌았고, 경상수지가 구조적으로 흑자로 전환했다. 경상수지 흑자는 원화 가치를 상승시켰고, 이는 물가와 금리 안정을 가져왔다. 또한 자금의 수요(투자)보다 공급(저축)이 많은 것도 저금리의 원인이 되었다.

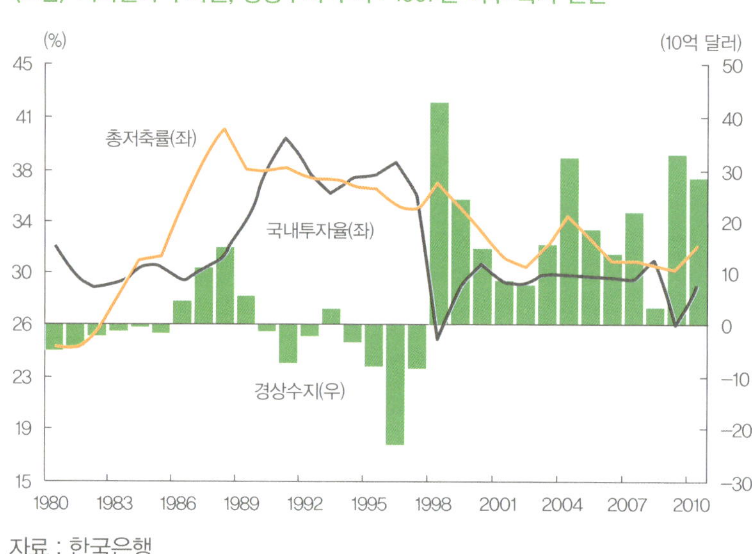

자료 : 한국은행

경기 순환주기와 진폭의 축소

앞서 우리 경제의 잠재성장률이 지속적으로 하락하고 있다는 것을 알아보았다. 1997년 IMF 경제위기 이후에는 잠재성장률이 4%대 중반으로 떨어졌고, 앞으로 5년 정도는 4% 안팎으로 더 하락할 가능성이 높다.

잠재성장률이 하락하는 가운데 경기순환주기와 진폭도 축소되고 있다. 정보화 시대에 접어들면서 기업들이 재고 및 생산 조정을 빠르게 하는 것이 그 중요한 이유 중 하나다. 재고율지수를 통해 이를 알아볼 수 있다.

재고율지수란 계절 조정된 재고지수를 출하지수로 나눈 것이다. 즉, 기업이 생산한 상품을 파는 것에 비해서 상대적으로 얼마나 많은 재고를 보유하고 있는 가를 나타내는 지표이다. 재고율지수가 증가하면 기업의 출하에 비해 재고가 더 늘어났다는 것이기 때문에, 경기국면으로 따지면 이 기간은 수축국면에 해당한다. 반대로 재고율지수가 감소하면 기업의 출하가 재고에 비해서 더 늘어나, 경기가 좋아지는 상황(경기 확장국면)을 의미한다.

1998년 IMF 경제위기를 겪는 과정에서 재고율지수가 급락했다. 이 지수가 급락한 것은 경제위기를 겪으면서 기업들이 경영 방식을 바꾼 데도 그 이유가 있지만, 정보화 시대에 본격적으로 진입하면서 필연적으로 나타나는 현상이기도 했다. 미국 등 대부분의 선진국 경제에서도 1998년을 전후로 재고율지수가 급락했다. 인터넷의 발전 등으로 기업들이 경제의 전반적인 상황에 대해 과거보다 더 많은 정보를 얻을 수 있었기 때문에 재고를 이전처럼 많이 보유할 필요가 없어진 것이다. 이런 경제를 일부에서는 '즉시' 경제(now economy)로 표현하기도 했다.

상대적으로 낮은 기업의 재고 보유는 경기순환주기와 진폭을 축소시키는 역할을 했다. 과거에

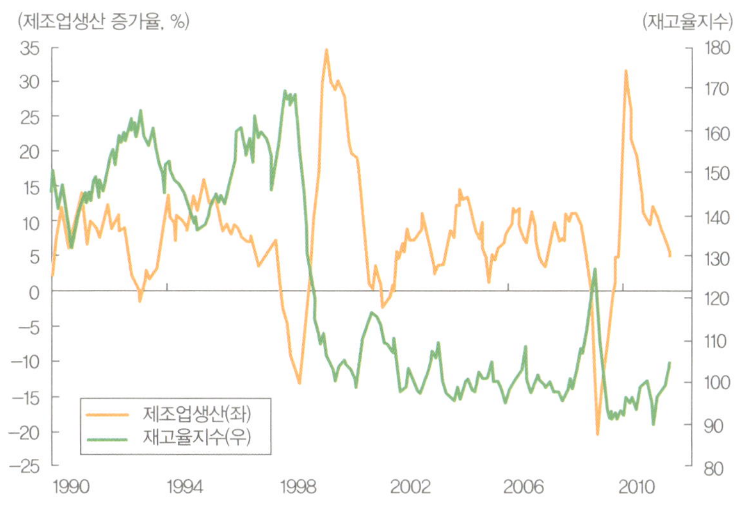

〈그림〉 재고율지수와 생산 : 낮은 재고로 경기순환주기 축소

자료 : 통계청

는 기업들이 경기가 좋을 때 생산을 많이 늘렸다. 그러다가 소비가 위축되고 기업 매출이 줄어들면 재고가 크게 증가했다. 이런 재고를 줄이기 위해 기업들은 상당 기간 생산 조정을 해야했다. 그러나 최근에는 기업들이 매우 낮은 재고를 보유하고 있기 때문에 생산 조정을 크게 할 필요도 없고 그 기간도 짧아졌다. 다시 소비가 늘면 기업들은 재고가 많지 않기 때문에 곧바로 생산을 증가시킬 수 있다.

2004년에서 2007년 사이에는 재고율지수가 낮은 수준에서 매우 안정적으로 움직였다. 2008년에 글로벌 금융위기를 겪으면서 재고율지수가 큰 폭으로 변동했지만 2009년 이후로는 점차 안정된 모습을 보이고 있다. 앞으로는 다시 경기순환주기와 진폭이 축소되는 양상이 나타날 것이다.

2012년 3.7% 성장 전망

이제 우리 경제가 4% 정도만 성장해도 잘했다 할 만큼 잠재성장률이 떨어졌다. 또한 정보화 시대에 진입하면서 기업들이 적정 재고를 잘 유지하기 때문에 경기변동폭도 크지 않을 것이다. 2012년 우리 경제는 2011년(3.8%)과 유사한 3.7% 성장할 것으로 전망된다. 1분기에는 재고조정이 진행되는 가운데 생산 증가세가 둔화될 것이나, 2분기에는 재고조정이 마무리되고 하반기에는 수출과 내수가 증가하면서 회복국면에 접어들 것으로 예상된다.

세계경제 과거 평균 정도 성장

앞서 살펴본 재고율지수가 감소하려면 수요가 증가하면서 재고보다는 출하가 상대적으로 더 증가해야 한다.

우선 수출 측면에서 살펴보자. 국제통화기금(IMF)은 2011년 9월 세계경제 전망을 수정해서 발표했다. 4월에 2011년과 2012년 세계경제 성장률을 각각 4.3%와 4.5%로 전망했으나, 이번 전망에서는 2011년과 2012년 성장률을 똑같이 4%로 낮췄다.

그 이유는 다음 세 가지에 근거한다. 우선 각 국가 특히 선진국에서 내부적으로 재조정이 지연되고 있다는 것이다. 각국 정부가 재정지출을 늘려 어느 정도 경기를 부양했으나, 민간 수요 증가로 이어지고 있지 않기 때문에 경기회복세가 지속될 가능성이 낮다는 것이다. 은행은 아직도 대출을 꺼리고, 채무조정을 하고 있는 가계가 소비를 늘리지 않고 있다.

다음으로 외부 불균형 해소도 느리게 진행되고 있다고 IMF는 지적한다. 이번 글로벌 금융위기를 극복하기 위해서는 중국 등 경상수지 흑자국의 내수가 빠르게 증가해야 하는데, 그 속도가 기대 이하라는 것이다.

여기다가 유로지역의 국가채무위기 영향이 전세계로 확산되면서 소비와 투자심리를 더욱 위축시키고 있다는 점을 지적하고 있다. 이를 반영하여 크리스틴 라가르드 IMF 총재는 "세계경제가 위험한 국면에 진입했다"고 경고했다.

그러나 IMF가 전망하고 있는 2011~12년의 4% 경제성장은 결코 낮은게 아니다. 지난 1994년 이후 세계경제가 연평균 3.6% 성장했는데, 그보다 높기 때문이다. 2000년 미국 정보통신혁명의 거품이 붕괴된 이후 아시아 개도국이 높은 성장을 해왔고, 앞으로도 세계경제가 4% 성장한다면 이도 아시아 때문일 것이다.

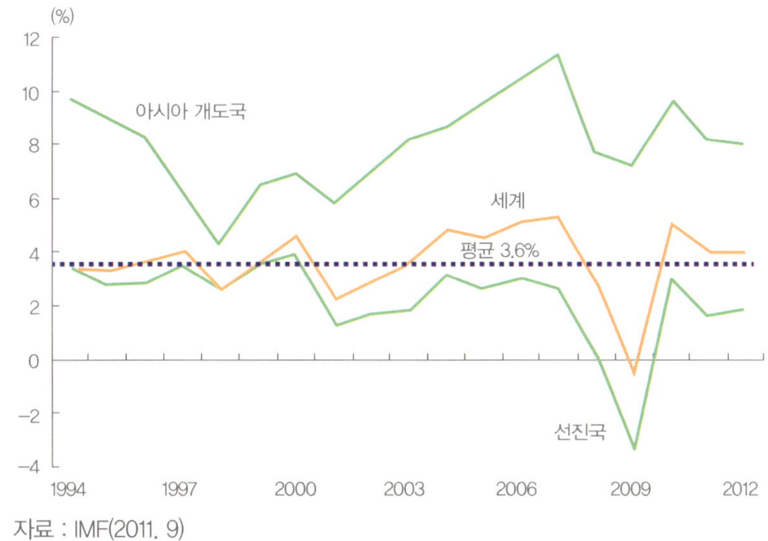

〈그림〉 세계경제성장률 추이 : 2011년 이후에도 과거 평균 이상 성장

자료 : IMF(2011. 9)

우리 수출, 아시아 지역으로 높은 증가세

이처럼 선진국의 국가채무위기로 세계경제가 당초 예상보다 낮은 성장을 하고 있기 때문에 우

리의 수출 환경은 그리 좋은 편은 아니다. 실제로 2011년 하반기부터 우리의 수출 증가율이 둔화되는 조짐이 나타났다.

그러나 2011년 하반기에는 수출 증가율이 16% 정도로 2000년 이후 연 평균 증가율인 14%를 웃돌았다. 선진국 경제성장이 거의 정체 상태에 있음에도 우리 수출이 이처럼 증가한 것은 이머징마켓이 비교적 높은 성장을 하고 있기 때문이다.

특히 2012년 들어서는 중국 등 주요 이머징마켓의 물가가 안정되는 가운데 정책 당국이 통화를 신축적으로 운용하면서 이들 국가들은 내수 중심으로 성장할 것으로 전망된다.

2011년 11월까지 우리나라 수출에서 이머징마켓이 차지하는 비중이 73%이고, 아시아 국가가 차지하는 비중은 57%이다. 2012년 2분기부터는 아시아 5개국의 경기선행지수가 먼저 상승하면서 세계경제가 차별화 할 가능성이 높다.

그렇게 되면 이들 지역으로 수출이 지속적으로 증가하면서 우리나라 제조업의 재고조정 기간은 길지 않을 전망이다.

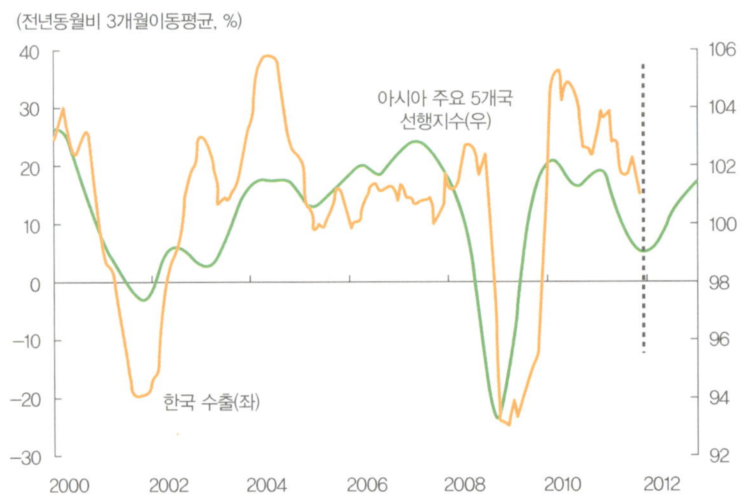

〈그림〉 아시아 5개국 선행지수와 수출 증가율

주 : 1) 아시아 주요 5개국은 중국, 인도, 인도네시아, 한국, 일본
　　 2) 2011년 8월 이후 선행지수는 전망치
자료 : 지식경제부, OECD

가계 부채조정 과정

수출증대와 더불어 소비가 증가해야 기업들이 생산을 늘리고 고용을 증대시킬 것이다.

그러나 가계는 부채조정을 하는 과정이기 때문에 소비증가는 완만하게 진행될 전망이다.

가계가 왜 부실해졌고 현재는 어느 정도인지 알아보자. 우리 가계가 본격적으로 부실해진 해는 2001~2002년 사이였고, 그 이유는 주로 세가지 때문이었다.

우선 저금리에 가계가 적응하지 못했다. 1998년에 15% 이상으로 올라갔던 대출금리가 2002년에는 6~7%로 떨어졌다. 갑자기 저금리 시대가 도래하니 우리 가계가 이에 적응하지 못하고 '은행 돈이 내 돈이다' 이라는 식으로 돈을 빌려 소비를 늘리고 주식, 부동산 등을 구입했다.

다음으로 은행도 가계 대출을 늘릴 수밖에 없었다. IMF 경제위기 이후 우리는 돈이 많아지는 경제로 바뀌었다. 예를 들면 통화량(M2)을 경상GDP로 나눈 것을 마샬케이(k)라 하는데, 이것이 1997년 0.95에서 2002년에는 1.14로 높아졌다. (2010년에도 1.42로 계속 높아지고 있다). 우리 경제에서 실물보다는 금융부문이 더 빠르게 성장한 것이다.

이렇게 늘어난 돈이 증권시장보다는 안정성을 추구하면서 은행으로 들어갔다. 은행의 주 수입원은 예대금리 차이이다. 그런데 기업이 은행에서 돈을 많이 빌려 쓰지 않았다. IMF 경제위기 이후 구조조정과 저금리 덕으로 이익이 크게 늘어났는데, 투자는 상대적으로 줄었기 때문이다. 설비투자가 GDP에서 차지하는 비중은 1990~96년 12%였으나, 그 이후로는 9% 정도로 떨어졌다. 기업이 돈을 덜 빌려 쓰니 은행은 가계 대출을 늘릴 수밖에 없었던 것이다.

그러나 보니 은행대출에서 기업이 차지하는 비중은 1996년 71%에서 2002년에는 52%로 대폭 낮아졌고, 가계 대출비중은 같은 기간 동안 29%에서 48%로 크게 높아졌다.

마지막으로 '9.11' 테러도 가계 부채 증가에 기여했다. 2001년 '9.11' 테러가 발생했고, 그 이후 세계경제가 급격하게 위축되었다. 이에 따라 우리 수출은 2000년 20% 증가에서 2001년에는 13%로 감소했다. 당시 우리 정부는 수출이 크게 줄면서 경기가 위축되자 내수 부양으로 대응했다. 정책금리를 인하하고 신용카드를 쓰면 세제혜택을 주는 등 내수 부양책을 펼쳤다.

이러한 저금리와 내수 부양덕에 세계경제가 나쁜데도 우리 경제는 상대적으로 높은 경제성장을 할 수 있었다. 세계경제성장률은 2000년 4.7%에서 2001년과 2002년에는 각각 2.2%와 2.9%로 떨어졌다. 그러나 우리 경제성장률은 2000년 8.8%에서 2001년 4.0%로 떨어졌다가 2002년에는 7.2%로 크게 높아졌다. 2002년에는 민간소비가 8.9%나 증가하면서 경제성장을 주도했다.

문제는 이런 과정에서 우리 가계가 크게 부실해졌다는 것이다. 개인의 금융부채가 2000년 294조원에서 2002년에는 535조원으로 2년 사이에 82%나 증가했다. 이에 따라 개인의 금융부채가 자산에서 차지하는 비중도 같은 기간 동안 38%에서 49%로 늘었다. 내수 중심으로 성장하는 과정에서 가계의 부실이 크게 는 셈이다.

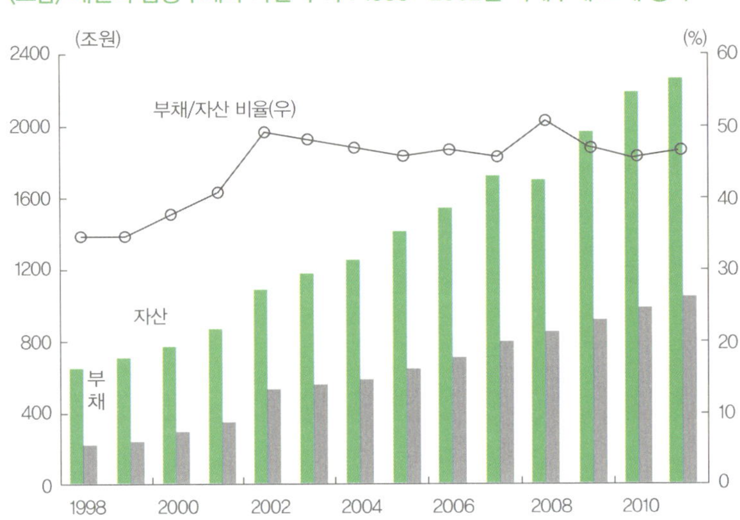

〈그림〉 개인의 금융부채와 자산 추이 : 1998~2002년 가계부채 크게 증가

주 : 2011년은 9월 기준
자료 : 한국은행

2002년 이후에도 저금리가 지속되면서 가계부채는 지속적으로 늘어났다. 2011년 9월말 현재 우리나라 개인의 금융부채는 1071조원에 이르고 있다. 그러나 2003년부터는 개인의 금융부채보다는 금융자산이 상대적으로 더 빨리 느는 긍정적 측면도 나타나고 있다. 2011년 9월 현재 개인의 금융자산은 2217조원으로 증가했고, 이에 따라 개인의 금융부채가 자산에서 차지하는 비중도 2002년 49%에서 48%로 소폭이나마 낮아졌다.(2010년 46%에서 2011년에는 주가 하락 영향으로 다시 증가했다.) 가계도 구조조정을 거치고 있는 것이다.

개인의 금융부채와 자산은 잔액(통계학에서 말하는 스톡) 개념이다. 플로우 측면에서 보면 가계가 구조조정을 하는 모습이 보다 더 뚜렷하게 나타난다. 일반적으로 경제주체를 개인, 기업, 해외, 금융의 네 부문으로 구분하는데, 개인은 자금 잉여 주체이다. 개인이 금융회사에 저축하는 돈이 빌려 쓰는 돈보다 많다는 의미이다. 개인이 자금의 잉여가 투자 주체인 기업의 자금 부족을 보충해주는 것이 일반적 자금 흐름의 순서다.

아래 그림에는 우리나라 개인 부문의 자금잉여 추이가 나타나 있다. 1998년에 85조원으로 표시되어 있는데, 이 의미는 이 해에 우리 개인들이 금융회사에 저축한 돈이 빌려 쓴 돈 보다 85조원이 많았다는 것이다. 그러나 잉여는 그 이후 줄기 시작했고, 특히 2002년에는 5조원의 적자로 전환되었다. 2002년에 개인이 금융회사에서 빌려 쓴 돈이 저축한 돈보다 5조원이 더 많게 되었다. 세계 어느 나라에서도 쉽게 볼 수 없는 통계다. 앞서 살펴본 것처럼 저금리에 적응 못한 개인들이 은행에서 돈을 많이 빌렸고, 또한 은행은 기업이 돈을 덜 빌려 쓰니 가계 대출을 늘릴 수밖에 없었던 것이다.

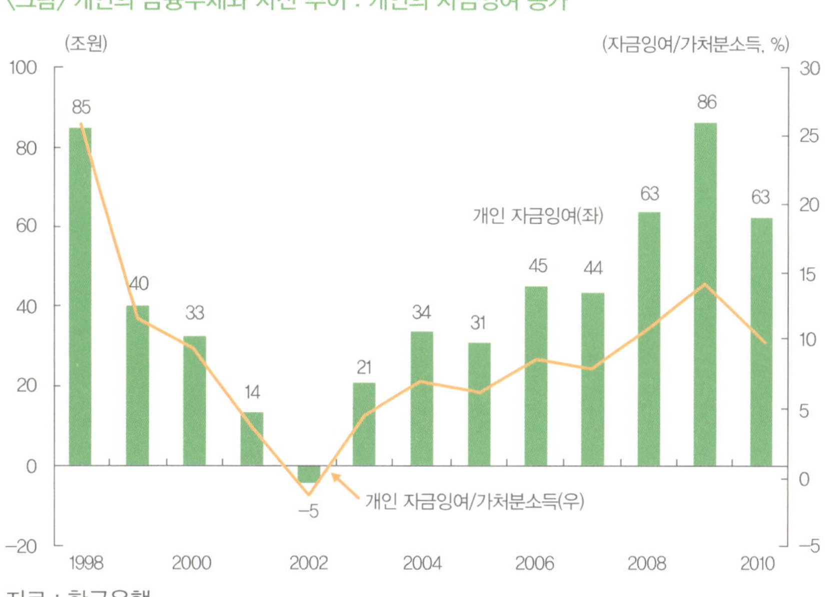

여기에 우리 정부는 '9.11' 테러로 수출이 급격하게 줄어들자 내수를 부양했다. 이런 '3박자'(저금리에 따른 가계의 과소비, 은행의 가계대출 증가, 정부의 내수부양)가 맞아 들어 가면서 우리 경제는 세계경제가 어려운데도 내수 중심으로 높은 성장을 할 수 있었으나, 대신 가계 부실은 극도로 높아지게 되었다. 그러나 2003년 이후로는 개인의 잉여자금이 꾸준히 늘고 있다. 특히 2009년에 개인부문의 잉여가 86조원으로 크게 증가했다. 2009년 한해 개인들이 금융회사에 저축한 돈이 빌려 쓴 돈보다 86조원이 증가했던 것이다. 물론 주가 상승도 개인의 잉여금 증가에 기여했다. 그러나 주식에 의해 증가한 것은 4조원 정도로 크지 않고 대부분은 금융기관의 예금 증가에 따른 것이다. 2010년에는 그 규모가 63조원으로 줄어들었으나 가계의 구조조정이 지속되고 있는 것을 알 수 있다.

소비의 차별화

이런 가계의 구조조정으로 어느 정도 소비가 증가할 여력은 있다. 그러나 문제는 누가 이렇게 금융저축을 늘렸느냐에 있다.

필자는 직업상 부자들을 자주 만난다. 가끔 어떤 사람들이 불러 찾아가보면 금융자산을 많이 가지고 있는 부자들이다. 이들의 금융저축이 바로 자금 잉여로 잡히는 것이다. 그러나 통계청의 가계소득 통계에 따르면 이른바 '1분위(하위 20%의 소득 계층)'에 해당하는 사람들의 월평균 소득은 2011년 2분기 조사에서 116만원이다. 참고로 '5분위'(상위 20%)의 월평균 소득은 709만원으로 1분위보다 6.1배 높다.

백화점 매출을 보면 그 차이가 확연히 드러나고 있다. '갑' 백화점의 경우 상위 1% 고객이 매출의 18%를 담당하고, 18% 고객이 80%의 매출을 올리고 있다. 2011년 들어 경기가 위축되고 있는데도, '마트'와는 달리 '백화점' 매출은 꾸준히 증가하고 있다. 특히 명품 매출은 글로벌 금융위기를 겪었던 2008년에도 전년에 비해 30% 정도 증가했고, 2011년에도 20% 이상의 높은 증가세를 보이고 있다. 부자들이 늘어난 금융소득을 바탕으로 소비를 하고 있는 것이다.

그러나 2012년에도 가계소비 증가율은 계속 GDP 성장률을 밑돌 것이다. 우선 정책 당국이 가계대출을 통제하고 있다. 또한 베이비붐 세대의 낮은 금융자산과 은퇴가 소비 증가를 억제하고 있다. 여기다가 부동산 가격도 중장기적으로 하락 국면으로 접어들 가능성이 높은데, 이 역시 역 부의 효과를 통해 소비 지출을 줄이는 요인으로 작용할 것이다.

〈그림〉 민간소비와 GDP성장률 추이 : 2003년 이후 민간소비 낮은 증가세

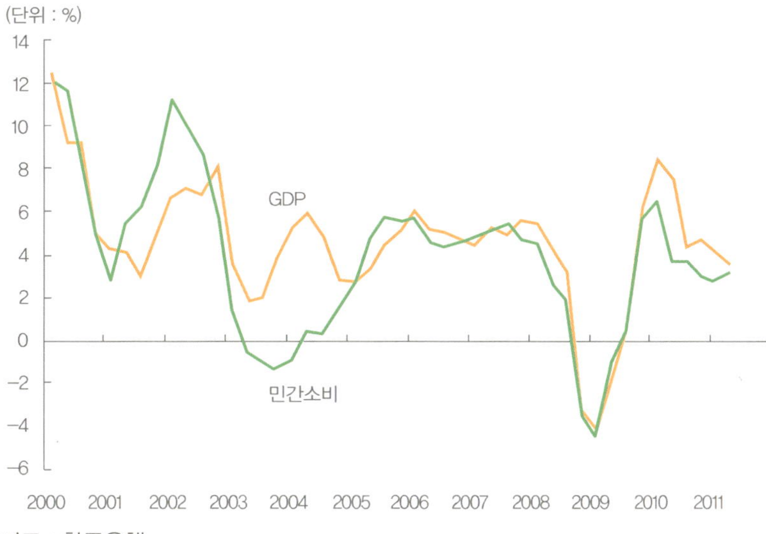

자료 : 한국은행

경상수지 흑자 축소

앞서 살펴본 것처럼 아시아 지역 경제가 내수 중심으로 높은 성장을 할 것으로 보여 우리 수출은 비교적 높은 증가세를 유지할 전망이다. 그러나 우리 가계가 구조조정을 하고 있는 과정에 있기 때문에 소비와 수입은 수출 이상으로 증가할 가능성이 낮다. 따라서 2012년에도 무역수지와 경상수지는 다같이 흑자를 이룰 전망이다. 2012년 경상수지 흑자는 162억 달러로 2011년에 266억 달러(추정)에 비해서 줄어들 것으로 예상된다.

경상수지 흑자와 더불어 달러 가치 하락으로 원화가치 상승 추세는 2012년에도 지속될 전망이다. 유로지역의 금융위기로 상반기에는 높은 수준(평균 1140원)을 유지하겠지만, 4분기에는 1055원 정도로 떨어질 전망이다.

소비자물가 3% 초반에서 안정

2011년 소비자물가는 4.0% 상승해 한국은행의 목표(2~4%)선의 상단에 이르렀다. 그러나 2012년은 물가가 3%대 초반에서 안정될 것으로 전망된다.

우선 선진국 경제성장의 둔화로 국제유가 등 원자재 가격이 안정될 가능성이 높다. 또한 미국 경제의 불균형 해소 과정에서 달러 약세가 더 진행되고 원화 가치는 오를 가능성이 높다. 여기에 수요 측면을 보면 2011년에는 실제 GDP가 잠재수준을 웃돌면서 물가 상승압력이 나타났는데, 2012년 우리 경제는 잠재 수준으로 성장하면서 인플레이션 갭이 해소될 전망이다.

〈표〉 2012년 주요 거시경제지표 전망 (단위 %, 억달러)

| | 2010 | 2011 | 2012 | | | | |
	연간	연간	1/4	2/4	3/4	4/4	연간
GDP성장률	6.2	3.8	2.7	3.5	4.3	4.2	3.7
(전분기비)			0.6	1.1	1.2	1.3	
민간소비	4.1	2.6	2.4	2.8	3.4	3.2	3.0
설비투자	25.0	5.0	1.5	2.8	6.4	6.8	4.4
건설투자	−1.4	−5.7	3.5	3.3	1.5	1.0	2.2
수출	4664	5578	1337	1509	1490	1628	5964
(증가율)	28.3	19.6	2.1	5.7	5.5	14.0	6.9
수입	4252	5245	1341	1436	1445	1533	5755
(증가율)	31.6	23.3	8.3	6.9	7.1	16.7	9.7
무역수지	412	333	−4	73	45	95	209
경상수지	282	266	4	49	53	56	162
소비자물가	2.9	4.0	3.4	3.5	3.2	3.4	3.4
실업률	3.7	3.5	3.7	3.7	3.3	3.4	3.5
기준금리(말, %)	2.50	3.25	3.25	3.25	3.50	3.50	3.50
국고채(3Y, 평균, %)	3.7	3.6	3.6	3.6	3.7	3.9	3.7
회사채(3Y, 평균, %)	4.7	4.4	4.3	4.3	4.4	4.6	4.4
원/달러(평균)	1156	1108	1141	1133	1124	1055	1113
엔/달러(평균)	88	80	80	81	80	77	79
원/엔(평균)	1315	1393	1432	1404	1411	1364	1403
WTI(평균, $/bbl)	79	95	103	109	111	109	108

주 : 필자의 견해로 한국창의투자자문의 공식견해와는 차이가 있을 수 있음

시장금리는 완만하게 상승

2011년 3.8%의 경제성장과 4%의 물가상승률에도 불구하고 국고채(3년) 수익률은 연평균 3.6%로 매우 낮은 수준을 유지했다. 기본적으로 1998년 이후 저축률이 투자율을 넘어 자금 초과 현상이 지속되었고, 유로지역 등 선진국의 국가채무위기 심화로 안전자산 선호 현상이 나타나면서 국채 수요가 늘었기 때문이었다.

그러나 4% 이하의 금리는 경제성장률이나 물가에 비해서 너무 낮다. 2012년에는 금리 정상화 과정에서 시장금리가 완만하게 오를 것이다. 2012년 연평균 국고채(3년) 수익률은 3.7%로 2011년보다 약간 상승할 것으로 전망된다. 특히 채권수익률은 경기선행지수와 같은 방향으로 움직이고 있는데, 경기선행지수는 2012년 2분기부터는 안정적으로 오를 가능성이 높다.

미국경제 생각보다 좋을 것

2012년 세계경제는 한 마디로 '위험 속의 불안한 항진'이 예상된다. 하지만 우려보다는 실물경제 회복의 가능성이 엿보이고 금융시장도 혼돈에서 다소 안정을 찾아갈 것으로 예상된다. 2012년에도 '위기의 역설'이 적용될 것이다. 즉 위기의 강도가 높아질수록 위기극복을 위한 대책과 국제공조가 활발해지는 현상이 반복될 것이다. 금융시장에서도 껄끄러운 악재들은 사실상 이미 많이 노출되어 인지되고 있다. 따라서 일반적으로 사람들이 우려하는 수준보다 실물경제가 조금만 개선되면 이미 풀린 유동성이 시장에 반작용의 반향을 불러 일으킬 수가 있다. 즉 글로벌 금융시장에서 기습적인 유동성장세의 연출이 예상된다.

국제통화기금(IMF)은 2011년 9월 2012년 세계경제성장률을 4.0%로 예상한 바 있다. 이는 2011년 성장률과 유사한 수치다. IMF는 동 전망자료에서 선진국 성장률을 2011년 1.6%에서 2012년 1.9%로 소폭 개선을 예상한 반면, 신흥국의 경우는 6.4%에서 6.1%로 소폭 둔화를 예상했다. 선진국 가운데 유럽은 2011년보다 성장률 둔화가 불가피하다고 본 반면, 미국은 2011년의 마찰적 장애요인들이 해소되고 기저효과가 겹쳐 성장률이 예상보다 높아질 것으로 보았다. 신흥국의 성장률이 소폭 둔화되는 것은 중국이나 인도 및 중동, 동유럽 지역 모두 2011년 높은 성장을 보인데 따른 기저효과가 크지만 그 둔화의 정도는 우려할만한 수준이 아니다. 대부분의 경제전망 기관들이 이와 유사한 새해 경제전망을 하고 있는데 이러한 전망은 새해에 유럽 재정위기와 글로벌 금융시장의 점진적 안정, 그리고 돌발적인 또 다른 대형 사고(금융위기)가 터지지 않는다는 전제를 토대로 한 것이다.

미국경제, 의외로 선전할 것

2012년 세계경제의 특징은 다음과 같이 요약 전망된다. '미국경제는 예상외로 선전할 것이다.

중국경제는 작년보다는 성장률 둔화가 불가피하지만 여전히 강한 성장 모멘텀을 유지해 갈 것이다. 유럽은 재정위기로 인한 만성적인 경기둔화 압력이 지속되는 가운데 위기가 반복될 것이다' 등이다. 또한 연중 글로벌 금융시장은 유럽 재정위험이 절정을 이루는 시점에서 크게 한번 흐름이 바뀔 것 같다. 즉 미 달러화와 채권중심의 안전자산에서 상품 및 신흥국 주식을 중심으로 한 위험자산으로의 급격한 이동 가능성이다. 그렇게 되면 유가상승과 더불어 물가가 오르고 경기회복 기대심리도 급격히 호전될 것이다. 사람들이 위험에 대한 선호도를 바꾸는 것인데 이것이 나중에 실제로 경기회복과 연결될 수도 있고 반대로 잘 되지 않아 단지 금융시장에서의 투기적인 자금흐름의 해프닝으로 끝날 수도 있다.

선진국이 금융위기를 극복하느라 그간 풀어놓은 유동성이 글로벌 위험요인의 강약 흐름변화에 따라 춤을 출 가능성이 높다. 항상 그렇지만 그 핵심주체는 유동자금의 캐리 트레이딩을 기반으로 지구촌을 헤매고 다니는 투기세력이다. 따라서 2012년에도 제반 가격변수(주가, 상품가격, 환율 등)들의 변동성은 클 수밖에 없다. 그나마 2012년 중 이러한 투기적 자본이동이 가능할 수 있는 것은 유럽의 수요둔화 부분만큼을 미국경제가 일부 메우고 동시에 신흥국의 내수 중심형 유효수요 창출이 선진국 전체의 수요둔화 부분을 일부 보전해 줌으로써 지구촌 실물경기가 하방 경직성을 확인해 줄 것이기 때문이다.

2012년 국내외 금융 및 주식시장을 결정할 4가지 변수와 전망

주요 이슈 현안	향후전망
1. 유럽위기 어디까지인가?	• 2012년 1~2월까지 채무국 및 은행 구제작업 진행 • 예상보다 큰 수습비용과 전염성, 증폭성, 불확실성 상존 • 중장기로는 결국 경기부진의 과제로 귀착
2. 미국경기는 완전 침체? 　아니면 2% 내외의 저성장 추세인가?	• 2011년 상반기의 마찰적 요인 해소 • 낮은 재고, 높아진 기업현금능력, 향상된 가동률에 주목 • 신흥국향 수출증대, 안정된 잠재성장률에 초점
3. 중국경제 안전한가?	• 인플레 억제, 재정확대, 내륙개발, 빠른 속도로 내수확장
4. 그 많은 유동성 어디로 가나?	• 선진국 경기 추가둔화 폭 제한적, 위험자산 회피동기 증가 • 유럽 안정시점(2012년 중반) 신흥국으로 자본 쏠림 예상

원·달러 환율 두자릿 수 시대

우여곡절이 많았던 2011년이었지만 거시경제 지표를 보면 미국 금융위기의 영향이 컸던 2009년과 비교한다면 나쁘지 않았다. 유럽에서 확산된 재정위기는 미국발 금융위기에 못지 않은 충격을 줄 것이라는 경고도 있었지만 결과적으로 보면 우려만큼의 충격은 없었다. 침체를 걱정했지만 침체보다는 매우 낮은 정체된 성장에 머무는 정도였다고 할 수 있다. 2012년의 모습도 이에 비해 괄목할만한 개선이 예상되기는 않는다.

전망에 앞서 2011년을 돌아보자. 유럽 재정위기의 확산에도 세계경제가 성장을 이어갈 수 있었던 것은 이 문제가 유럽을 넘어 다른 지역으로 확산되지 않았기 때문이다. 더불어 유럽 위기는 다른 경제 문제인 인플레이션의 확산을 제어하는 역할을 하기도 했다. 또한 세계경제에 대한 불확실성은 많은 나라들이 더이상 성장에 우호적인 정책을 펼 수 밖에 없는 환경을 조성했

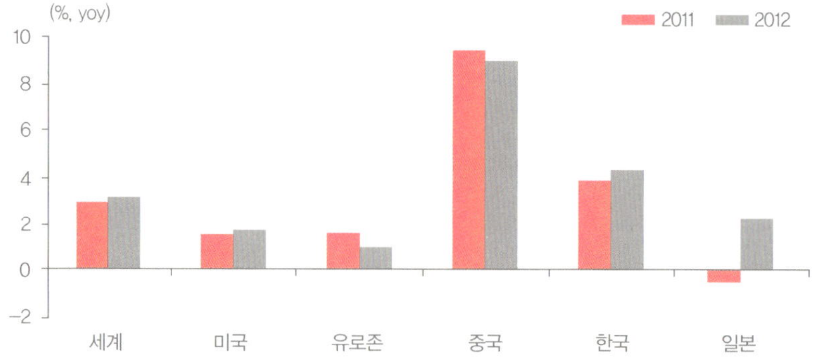

주요국 전년대비 성장률 비교

다. 이러한 환경이 종합적으로 우려에 비해서 썩 나쁘지는 않은 세계경제 성장을 가능케 했다. 이제 2012년 세계경제를 조망해 보면 성장을 주도할 수 있는 뚜렷한 요소들이 드러나지 않는다. 중국 등 신흥국의 역할 확대도 제한적이며, 어려움에서 아직 벗어나고 있지 못한 선진국에 이러한 역할을 기대하기도 어렵다. 일본 정도가 우리가 관심을 가질 수 있는 국가중에서 회복이 가장 뚜렷한 국가라 할 수 있다. 따라서 불확실성이라는 단어는 2012년에도 여전히 많이 회자될 수 밖에 없을 것으로 보인다.

양적성장보다 경기 방향성 전환이 중요

2012년 성장률로 대표되는 총량적인 성장은 크게 두드러지지 않을 전망이다. 세계경제, 미국경제, 그리고 한국경제 역시도 2011년과 비슷한 성장수준을 벗어나기 어려워 보인다. 2012년보다는 이후 경제가 좋아질 수 있는 기반을 갖추어 가는지에 더 관심이 갈 수 밖에 없다. 결국 2012년에는 양적인 성장보다는 경기 방향성 전환과 질적 개선에 더 주목해야 할 것이다.

방향성의 전환은 선진국 소비자들의 구매력 회복이 1차적인 변수이다. 임금 및 고용회복, 금융시장 안정에 따른 자산가치 확대, 유럽의 재정부담, 미국의 부동산 경기 회복과 같은 변수들이 이를 결정한다. 이들 중 고용과 금융시장 환경은 다른 변수보다 더 빨리 개선될 수 있지만 재정과 부동산 경기 회복에는 많은 시간이 걸릴 예상이다. 결국 2012년에 경제여건이 더 좋아질 것인가를 보기 위해서는 변화가 있을 요인에 한정하여 볼 수 밖에 없다. 이런 관점에서 본다면 미국의 고용회복이 시작되는 것과, 유럽 재정위기 해소의 신호로 볼 수 있는 국채금리의 안정이 가장 주목할 지표라 할 수 있다.

일반적으로 선진국 경제를 조망함에 있어서는 비관론의 비중이 지나치게 높은 감이 있다. 그다지 잘 될 것이 없다는 식의 생각이다. 하지만 다른 측면에서 보면 현재 상황에 비해 더 나빠지기도 쉽지 않다는 생각을 해볼 필요가 있다. 미국의 실업률과 같은 경우가 대표적이다. 경제여건에 비해 고용이 상대적으로 낮기 때문에 일반화되어 있는 비관적인 생각보다 회복의 속도는 더 빠르게 나타날 수 있다. 유럽의 경우도 정책적인 지원에 힘입어 국채금리를 낮추는데 성공한다면 재정안정을 회복할 수 있다는 기대가 살아날 여지가 커진다.

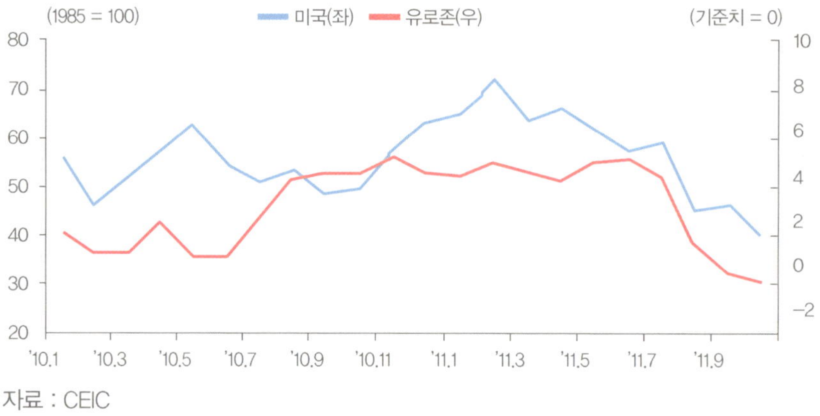

인도가 중국보다 더 좋은 기회 맞을듯

중국, 인도와 같은 신흥 국가들의 성장세는 이어질 것으로 전망된다. 비록 그 성장률은 다소 낮아지겠지만 세계경제의 저성장 기조가 이어지고 있음을 감안하면 여전히 높은 성장세를 이어가는 것이다. 신흥국가에 가장 큰 위협 요인은 재정위기보다는 인플레이션과 이에 따른 긴축 효과였다. 선진국의 재정위기는 여전히 진행형이지만 인플레이션 압력이 낮아지는 것은 가시권에 들어오기 시작했다. 이머징 국가는 당연히 선진국보다 안정적인 성장을 이어갈 가능성이 크다. 선진국 경제에서 기대할 것이 없기 때문에 중국은 수출보다는 내수로 정책의 주안점을 맞춰가고 있다. 원래 수출보다 내수기반의 성장을 했던 인도는 중국보다 상대적으로 더 좋은 성장의 기회를 맞을 가능성이 크다.

위안·화원화 통화가치 절상될 것

또 다른 주목할 변수는 환율이다. 달러, 엔, 유로와 같은 선진국 3대 통화의 환율보다는 이들 통화대비 소위 비주류 통화들의 환율이 주목의 대상이다. 특히 선진국 위기를 겪는 과정에서 절상 속도가 느렸던 중국 위안화와 한국 원화 환율의 강세가 두드러질 것으로 보인다. 중국은 인위적으로 절상속도를 조절하는 입장이었고, 한국은 국제금융 불안에 따른 노출이 높다는 우려 때문에 통화가치가 비교 가능한 국가에 비해 약세였다. 이런 요인들이 해소될 것으로 예

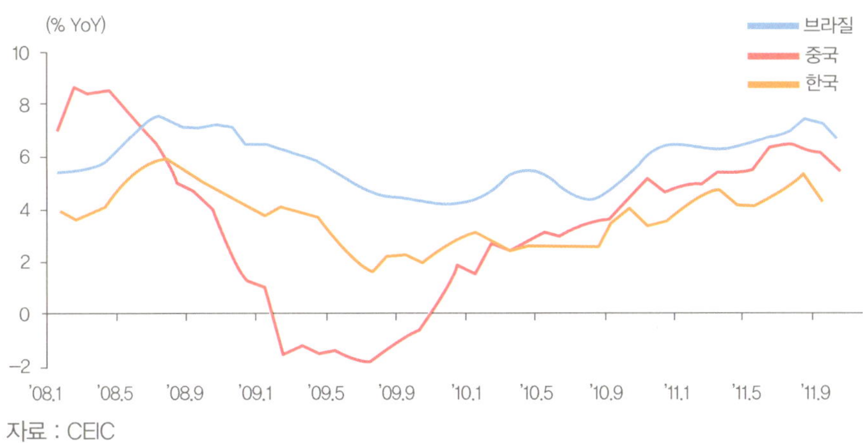

상되어서 두 국가의 통화절상 속도는 다른 국가보다 빠르게 진행될 것으로 전망된다.

통화 강세(일반적으로 환율 하락)은 수출에 부담을 주기도 하지만 해당국의 구매력을 높이는 긍정적인 효과도 크다. 특히 내수에 성장의 주안점이 있는 국가의 경우 통화강세의 효과는 크다. 2015년까지 내수를 두배로 키우겠다는 중국의 계획을 감안하면 중국 위안화의 절상속도가 높아질 가능성이 커지고 있다.

한국경제는 대외의존도가 높은 만큼 세계경제의 안정성이 주는 영향이 크다. 2012년에 세계경제 성장이 전년과 비슷한 수준에 머물 것으로 예상되는 만큼 수출에서 기대할 수 있는 것이 크지 않다. 또한 수출경합도가 높은 일본이 회복되는 속도가 높을 것으로 예상되는 것도 부담이다. 때문에 경제 성과는 내수에 의해 더 큰 영향을 받을 수 밖에 없다. 다른 국가에 비해 안정적 고용상황과 원화 가치 상승에 따른 구매력 증대 등은 내수경기에 긍정적이다. 하지만 언제든지 문제가 발생할 소지가 있는 높은 가계부채는 소비 성장에 한계로 작용할 수 밖에 없을 것이다.

현재의 상황이 향후 전망에 미치는 영향은 무시할 수 없다. 유럽 재정위기가 악화일로에 있었던 8~9월에 본 2012년의 그림은 지금보다 더 우울할 수 밖에 없었다. 세계경제의 더블딥은 피할 수 없는 운명인 것처럼 보였다. 그런데 이 위기를 어느 정도 극복하기 시작하며 이제 더블딥보다는 저성장의 지속이라는 상황이 더 발생 가능성이 높은 시나리오로 대체되고 있다. 이런 변화를 이끌어낸 것은 선진국의 상황 개선이었다. 미국 경제는 상반기에 비해 하반기에는 다소 나아지는 모습을 보였고, 끝이 안보일 듯 했던 유럽의 재정위기도 적어도 무엇을 해야 할 것인가에 대한 논의를 시작했다.

세계경제전망 요약

		2009	2010	2011	2012
성장전망 (% YoY)	세계	−2.3	4.0	3.0	3.2
	선진국	−3.7	3.1	1.6	1.9
	미국	−3.5	3.0	1.5	1.8
	유로존	−4.3	1.8	1.6	1.1
	일본	−6.3	4.0	−0.5	2.3
	이머징	2.8	7.3	6.4	6.1
	중국	9.2	10.3	9.5	9.0
	인도	6.8	10.1	7.8	7.5
	한국	0.3	6.2	3.9	4.4
물가 (% YoY)	선진국	0.1	1.6	2.6	1.4
	미국	−0.3	1.6	3.0	1.2
	유로존	0.3	1.6	2.5	1.5
	일본	−1.4	−0.7	−0.4	−0.5
	이머징	5.2	6.1	7.5	5.9
	중국	−0.7	3.3	5.5	3.3
	인도	10.9	12.0	10.6	8.6
	한국	2.8	3.0	4.5	3.5
국제유가 (달러/배럴)	선진국 미국	61.8	79.0	103.2	100.0
환율 (기말)	달러/유로	1.44	1.34	1.30	1.32
	엔/달러	92.06	81.45	77.04	77.03
	위안/달러	6.83	6.59	6.26	5.89
	원/달러	1165	1135	1041	999

자료 : IMF World Economic Outlook
주 : 환율전망은 Global Insight

미국 고용회복·유럽 국채안정·아시아 통화 강세가 포인트

2012년에도 경제의 전체적인 그림은 이런 틀을 벗어나지 않을 것이다. 역시 가장 영향력이 있는 변수는 유럽재정위기의 극복과정이다. 아마도 향후 전망에 있어 가장 과소평가되고 있는 것이 유럽에서 나타날 수 있는 정책의 힘이라 생각한다. 적어도 그리스문제를 처리할 때와 이탈리아로 전이 가능성이 높아진 이후와 달라진 유럽을 생각해보면 유럽 경제의 회복 가능성에 대해서도 과거보다는 조금씩 무게를 더 줄 수 있을 것이다. 유럽재정안정기금(EFSF)을 확대하고 ECB가 더 적극적으로 움직이기 시작하면 미국이 그랬던 것처럼 점차 유럽도 어두운 터널의 끝이 보이기 시작할 것이다.

가장 역동적인 변화를 감지할 수 있는 것은 2월을 전후한 시점이다. 유럽문제 때문인데, 그리스의 유로존 탈퇴여부, 대규모 이탈리아 국채만기를 앞두고 이에 대한 대비책 마련 등이 이때 이루어질 예정이다. 더욱이 불안한 경제여건을 탈피하기 위해 많은 국가들은 정책에너지를 상반기에 집중될 가능성이 높다. 2012년 경제가 순탄한 항로를 할 것인지 여부는 1/4분기에 어느 정도 윤곽이 드러날 것이다.

2012년 세계경제 전망에 있어서 키워드를 요약하면 미국 고용회복, 유럽 재정안정을 위한 국채금리 하향 안정, 아시아 통화강세 세 개를 들 수 있다. 세계경제 성장률은 IMF 기준으로 4% 내외, 미국은 2%, 한국은 4%를 다소 하회하는 성장률이 성장전망의 큰 그림이다. 중국 위안화 환율은 달러대비 6위안대에서 5위안대로 진입하고, 원/달러 환율도 연내에 다시 1,000원을 하회하는 시도가 나타날 전망이다.

The World in 2012

02

8대 변수 스케치

1 | 김정은의 북한과 한국경제

- ▶ 북한, 마이너스 성장 지속
- ▶ 북한 변수, 우리 금융시장 자극
- ▶ 김일성 100주기 맞는 4월이 중요

북한, 마이너스 성장 지속

2012년 12월 19일 김정일 사망 소식이 알려지면서 당일 금융시장이 매우 불안하게 움직였다. 특히 주가(KOSPI)가 장중 한 때 90포인트(5.1%)나 떨어졌다. 그러나 주가는 과거의 북한 사태처럼 이틀 후 원래 수준 이상으로 회복했다.

북한은 '왕조체제'이기 때문에 집단 막후 세력에 의해 김정은에게 권력 이양이 안정적으로 이루어질 것이라는 기대가 작용했다. 실제로 권력 이양은 순조롭게 진행되고 있는 것으로 보인다. 따라서 일부 세력에 의한 체제 전복 등 극단적 상황만 발생하지 않는다면, 향후 1~2년 정도는 북한 체제에 큰 문제가 없을 것이다.

물론 김정은의 왕조체제를 확고히 구축하는 과정에서 잡음은 발생하고, 때로는 우리 금융시장에 부정적 영향을 줄 것이다. 김정일의 장례식이 끝나자마자 북한 국방위원회는 "이명박 정부와는 영원히 상종하지 않겠다. 만고대죄를 끝까지 계산하겠다"라는 성명을 내놔, 앞으로 남북관계가 쉽지 않을 것을 시사하고 있다.

북한경제 마이너스 성장 지속

그러나 가장 중요한 문제는 북한이 '먹고 사는' 문제를 어떻게 해결할 것인가에 달려 있다. 한국은행에 따르면 북한 경제는 2008년(3.1%)를 제외하면 2006년부터 계속 마이너스 성장을 하고 있다.

북한의 1인당 국민소득은 2010년 현재 1,074달러로 20년 전(1991년 1,115달러)보다 낮은 수준이다. 남한과 비교해보면 1인당 국민소득이 남한의 1977년(1,043달러)과 유사하고, 2010년에는 남한(20,759 달러)의 5%에 불과하다.

경제난과 시장 개방

오른쪽 그림은 지난 2010년에 북한 사람들에게 사랑을 받은 '10대 히트상품'인데,시사하는 바가 크다. 우선 인분이 10대 상품으로 선정되었는데, 그만큼 경제난이 심각하는 것을 반증한다. 연료 부족으로 북한의 비료공장 가동이 정지된데다, 남한이 비료 지원을 중단하자 인분을 비료로 사용하는 운동이 펼쳐진 바있다.

'신라면'도 히트상품으로 선정되었다. 과거에는 중국에서 몰래 들여온 '신라면'이 거래되었으나, 현재는 국영상점에서 박스 채 쌓인채 팔리고 있다.

한편 휴대전화와 남한 TV 프로그램이 인기 상품으로 선정된 것은 북한의 개방과 관련해 중요한 시사점을 주고 있다. 이집트의 '오라스쿰'이라는 회사의 휴대폰 사용이 점차 늘고 있는데, 2010년에는 30만 명 이상이 가입한 것으로 알려지고 있다. 아직 국제 전화는 불가능하지만, 북한 주민들 사이의 의사 소통에 큰 변화를 초래할 전망이다. 여기다가 북한 당국이 한국 TV 프로그램을 보는 것을 엄격하게 단속하고 있지만, 복사판 CD를 통해 북한 주민의 시청은 갈

〈그림〉 2010년 북한의 10대 히트상품

수록 늘고 있다고 한다.

여성의 바지도 인기상품으로 등장했다. 2010년 초에 김정은 주도로 여성들이 바지를 입는 것이 허용되었고, 이에 따라 여성의 바지 수요가 폭증하고 있다는 것이다.

이러한 경제난과 상품 및 서비스 수요의 변화가 북한도 점차 개방 사회로 갈 수밖에 없다는 것을 시사한다. 앞으로 김정은이나 북한 체제의 연착륙을 바라고 있는 중국도 심각한 고민을 하지 않을 수 없을 것이다.

북한 주민의 생계를 유지하기 위해서는 경제 성장과 개방이 필요하다. 그러나 이 과정에서 체제를 유지하고 있는 기득권의 권리 축소와 저항은 불가피하다. 체제 유지와 경제성장 간에 머지 않아 충돌이 발생할 수 있는 것이다. 지금은 침이라도 발라서 우는 시늉을 해야 하는 북한 주민이 몇 년 후에는 체제를 부정할 수 있다.

그러나 그 시기가 1~2년 이내는 아닌 것 같다. 1인당 국민소득이 3000달러 전후가 돼야 사람

들은 먹고 사는 문제를 떠나 민주사회를 요구한다. 2011년의 중동과 북아프리카의 민주화 시위가 좋은 사례이다.

통일 이후의 경제를 생각할 때

지금 통일을 논하는 것은 너무 빠르다. 그러나 이제 각 경제 주체별로 본격적으로 남북통일에 대한 여러 가지 시나리오를 설정하고 대비해야 할 때가 다가오고 있다. 통일 독일의 사례는 교훈으로 삼아 볼만 하다.

동구권의 붕괴와 냉전체제 종식 이후, 동독에서는 대규모 민주화 시위가 일어나면서 1989년 11월 9일 베를린 장벽이 붕괴되었다. 이때 동독 주민들이 서독으로 집단 이주하는 사태가 발생했다. 1989년에는 약 39만 명, 1990~91년에는 65만 명에 달하는 동독 주민이 서독으로 이주했다. 이에 따라 1990년 10월 3일 서독이 동독을 흡수하는 형태로 통일이 되었다.

통일 직후 서독 경제는 1990년과 1991년에 각각 5.3%와 5.1%라는 높은 경제성장률을 달성했다. 이른바 3저 호황으로 세계경제가 고성장을 했던 1985~88년에도 서독 경제가 연평균 2.4% 성장한 데 그쳤는데, 이와 비교해보면 통일 직후 서독 경제가 얼마나 큰 호황을 누렸는지 알 수 있다. 이렇게 높은 경제성장이 가능했던 것은 동독 지역 주민의 서독 지역 제품에 대한 선호가 크게 증가했기 때문이다. 또한 동독 지역 경제의 재건을 위한 각종 투자 및 생산재 수요 증가도 고성장을 가능하게 했다.

그러나 1992년 이후 막대한 통일비용 지원에 따른 물가상승→고금리정책→ 기업투자 및 소비 위축→성장률 하락의 악순환 고리가 지속되면서 1992~99년에 독일의 연평균 경제성장률은 1.4%에 그쳐, 같은 기간 다른 선진국(OECD)의 3.1%를 크게 밑돌았다.

우리나라의 경우에도 통일 초기에는 북한 주민의 남한 상품에 대한 수요 증가와 북한 경제 재건을 위한 투자 확대로 2년 정도는 높은 경제 성장을 달성할 수 있을 것이다. 그러나 그 이후로는 지금 추정하기 어려운 막대한 통일비용으로 우리나라 잠재성장률이 또 한 단계 떨어질 가능성이 높다.

북한 변수, 우리 금융시장 자극

지난 12월 북한 김정일 국방위원장의 갑작스런 사망은 사람들의 기억 속에 잊혀져 있던 북한관련 문제를 부각시키기에 충분했다. 북한의 이 불안한 정권세습 과정과 피폐해진 북한경제는 앞으로 한반도 정세에 어떠한 영향을 미칠 것인가. 전문가들은 김정일 사후의 북한 정치체제는 집단지도 체제이기 보다는 국정 2인자인 장성택과 함께 군부가 김정은을 보좌하는 형태의 불안정한 세습체제가 될 것이라 관측하고 있다. 새해 북한관련 문제를 우리의 금융시장 측면에 한정하여 조망해 보면 다음과 같다.

첫째로 새해에도 금융시장 및 환율시장은 북한문제로 인해 다소 파행적인 급등락의 과정을 반복해 나타낼 가능성이 높다. 북한은 당분간 그들 정권 최후의 보루 역할을 해줄 것으로 믿고 있는 '핵'을 무기 삼아 계속적인 외교적 모험과 협상을 벌일 것이고 그 사이에서 위험한 줄타기를 할 것이 분명하다. 더욱이 김정일 사후 체제안정에 일단 시간을 벌어야만 하는 세습정권으로서는 다른 방도가 없을 것이기 때문이다. 북한이 2012년 중 당장 핵 포기를 선언하고 그 대신 국제사회로부터 김정은 정권을 인정받는 등의 유화적인 협상카드를 모두 다 사용해버릴 가능성은 거의 희박하다. 특히 리비아와 이집트를 비롯해 지난해 자스민 혁명 이후 나타난 폐쇄 국가들의 절대권력 통치자들의 말로가 비참했던 사례를 떠올리면 북한은 섣부른 유화책을 아낄 것이 분명하다. 아직 북한은 남한과 서방을 향해 화해와 경제원조의 손을 내밀만한 물리적인 여유가 없어 보인다.

정권을 세습 받은 어린 김정은을 보위하는 북한정권의 실세들은 내부체제의 결속을 위해 약간의 군사적 도박이나 대외적인 군사력 시위, 남한에 대한 체제비방 등에 무게를 둘 가능성이 높다. 김정은과 그 핵심세력들은 정권세습이 안정적으로 이루어졌음을 대내외에 알리기 위한 제스처를 때때로 보여주기 위해 돌출행동을 일삼을 게 분명하다. 이는 김정일 정권 때에도 마찬가지였다. 북한의 늘 상투적인 수법이었고 이미 그 의도가 오랜 기간 노출된 해 묵은 전략에 불과하지만 그래도 그 때마다 우리 금융시장은 이 고질적인 위험에 시시때때로 시달릴 수밖에 없었다.

아마도 새해에 북한을 둘러싼 한반도 정세는 다소의 긴장감 속에 진행될 것 같다. 외부세계에 대한 북한의 강공과 진정성이 다소 떨어져 보이는 유화책이 반복되면서 금융시장은 계속 혼돈을 겪을 수밖에 없다. 결국 북한 리스크는 올해 내내 금융시장에 만성적 불안요인으로 작용할 것이다. 즉 북한이슈는 연중 환율안정을 때때로 해칠 것이고 주식시장에는 변동성 요인으로 작용할 것이며 이따금씩 갑작스런 국채프리미엄의 상승요인으로 작용할 것이다.

다만 그 위험의 강도는 제한적일 것이다. 왜냐하면 북한정권 자체가 한반도를 극한 긴장 상황으로 몰고 가더라도 실익이 없기 때문이다. 즉 국제원조를 단절시키고 식량부족과 그로 인한 탈북자 양산이나 민심이반에 이르는 극단적인 상황을 북한정권 자체도 원치 않고 있다.

따라서 금융시장에서 북한위험은 연중 제한적인 수준, 제한적인 변동성의 범위에 그칠 가능성이 높다.

통일문제, 현실적 접근법 부각될 듯

둘째로 새해에는 북한 그 자체도 문제지만 이를 둘러싼 한국 정치권 내부의 논쟁이 더 시끄러운 한 해가 될 것 같다. 새해 총선과 대선을 치러야 하는 한국입장에서도 북한문제는 정치권에게 새로운 리더십의 시험대가 될 가능성이 높다. 북한의 위험은 선거전에 서로 정략적으로 이용되는 아이콘이 될 것이다. 동시에 새해는 통일을 위한 준비와 이와 관련된 정치권의 공약이 난무하지 않을까 우려된다. 주지하는 바와 같이 한반도 주변국들은 아직 현실적으로 한반도의 통일에 대한 이해관계의 합치가 미흡하고 또 준비가 되어 있지 않다. 따라서 근본적으로 한반도의 통일이나 이와 관련해 지금 당장 어떤 변화가 닥칠 확률은 낮다. 그렇기 때문에 정치권에서는 말 잔치만 더욱 무성할 수 있다는 역설이 성립된다.

다만 김정일의 사망을 계기로 우리 국민들은 통일에 대한 보다 현실적이고 경제적인 사안에 민감해지고 있다. 더욱이 국민들은 북한의 권력승계나 지정학적 잠재위험도 염려하고 있지만 언젠가 닥칠 통일문제를 위해 지금 우리가 무엇을 준비해야 하는가에 대한 해답과 리더십을 보다 원하고 있는 지도 모른다. 그래서 이 주제는 총선, 대선을 치르는 정치권에서 다뤄질 뜨거운 감자로 자리잡을 가능성이 높다. 유권자들은 정서적으로 혹은 역사적 관점에서 또는 경제적 손익계산서 측면에서 통일문제에 점점 더 민감해질 것이다.

통일은 이념의 주제를 넘어서 민생과 직결된 경제문제이기 때문이다. 또한 통일문제가 보다 깊이 있게 다뤄질수록 그간 경제성장과정에서 묻혀 지내왔던, 성장의 논리 속에 그간 덮어 두었던 계층간 갈등이나 경제의 규범적 과제들, 정의, 형평성, 복지문제들이 더욱 부각될 것이다. 즉 통일이라는 민족적 과제를 중심으로 경제질서의 재편이 이루어질 수 있다는 사실이다.

그렇지 않아도 체감경기가 팍팍한 상황에서 또한 재정적자의 우려가 깊은 상황에서 통일을 준비하는 데 있어 그 비용의 상당부분을 또 국민들이 감당해야 하는 현실론을 정치권이 어떻게 풀어갈 것인가가 궁금하다.

결론적으로 여론의 지지는 기대하기 어렵다. 따라서 현실적으로 북한문제와 통일문제가 보다 구체화되면 될수록 조세분담의 형평성 논란이나 재정적자 문제도 그만큼 부각될 것이다. 대기업 법인세율 조정 문제나 주식시장에서의 자본이득과세 등도 그 관련주제 가운데 하나다. 당장 통일이 운운되는 게 아니라 통일이 막연한 정치이슈가 아니라 지금 모든 계층이 감당해야 할 과제이자 비용이라면 어떻게 서서히 시간을 두고 이를 현명하게 준비하느냐에 관한 화두들이 올해 정치일정이 진행되면서 정당간 혹은 후보간 뜨거운 논쟁의 이슈가 될 것이다.

해외투자가, 지정학적 위험에 주목

셋째로 새해에는 해외 발 지정학적 위험이 북한으로 하여금 더욱 과민한 반응을 불러 일으키는 등 자극이 될 수 있어 주의가 필요하다. 즉 북한의 예기치 못한 또 다른 악재는 돌발적으로 만들어 질 수 있다는 사실이다. 김정은의 불안정한 정권세습이라고 하는 북한정세를 둘러싼 근원적인 불안요인이 깊게 깔려 있는 상황에서 지구촌 곳곳의 주변 잡음들은 예전보다 훨씬 높은 강도로 북한 당국 및 북한국민들에 확대 해석되고 확대 반영될 가능성이 높다. 즉 글로벌 지정학적 위험과 북한문제가 썩여서 새로운 위험으로 나타나거나 위험이 증폭되는 일이 빈번할 수 있다는 것이다. 가령 자스민 혁명 같은 흐름이 어느 지역에서 나타나면 북한은 더욱 폐쇄적으로 돌변하고 남한 또는 서방국가에게 무엇인가를 트집 잡으며 파행적인 행동을 보일 가능성이 높다. 북한과 같은 정치체제를 무너뜨리는 힘의 주체는 결국 주변국의 힘이 아닌 북한내부의 국민들 자체라는 점을 북한의 지도자들도 최근 학습을 통해 잘 알고 있을 것이기 때문이다.

2012년 새해는 북한입장에서는 유훈통치로 김정은 체제의 안정을 도모하는 동시에 강성대국을 선포하는 의미 있는 해이고 그러므로 그만큼 부담도 큰 해이다. 외부의 외교적, 정치적, 군사적 재료가 북한 당국을 자극하는 정도는 그 어느 때보다 클 수밖에 없는 상황이다. 아니 같은 강도의 외부자극에 북한의 반응이 달라지는 것이다. 가령 이스라엘과 이란의 정정불안이나 기타 다른 지역에서의 분쟁, 정치 또는 군사적 이슈들이 한반도에 의외로 민감한 파장을 일으킬 수 있음을 고려해야만 한다. 평상시 같으면 무시될만한 정도의 멀리 떨어져 있는 어떤 지정학적 이슈들이 새해에는 바로 한반도 정세에 직접적인 불똥으로 튈 수 있다는 점을 유념해야 한다.

보다 엄밀히 말하자면 외부변수들이 그 재료자체의 실체성을 뛰어 넘어 경제주체들의 심리와 금융시장을 통해 굴절되어 나타날 것임을 주목해야 한다는 뜻이다. 즉 한국의 금융시장과 외국인투자자들은 새해 세계의 모든 지정학적 위험에 과민하게 반응할 가능성이 높다. 외부정보의 차단과 폐쇄만으로 민심을 다루는 게 한계가 있는 북한이 취할 수 있는 것은 당장은 내부와 외부를 향한 긴장감 조성이겠지만 이는 근원적인 해결책은 못 된다. 결국 중요한 것은 '빵에 관한 문제'인데 이 근원적 문제가 해결되지 않는 한 북한이 어떤 메가톤급 재료로 한국경제와 금융시장을 강타할 것인지는 사실 아무도 모르는 일이다.

김일성 100주기 맞는 4월이 중요

지난 12월 17일 김정일 북한 국방위원장이 사망했다. 이어 북한은 김정은 체제로 빠르게 재편됨으로써 사상 유래 없는 3대 세습체제를 구축하기 시작했다. 자스민혁명에서부터 시작해 세계적으로 민주화의 요구가 강했던 만큼 북한 체제의 안정 가능성에 대한 우려의 시각이 컸다. 하지만 우려와 달리 빠르게 안정을 회복하고 있는 것으로 보여진다. 이에 따라서 금융시장도 북한 영향에서 빠르게 벗어나며 정상을 회복했다.

과거 북한과 관련된 큰 사건들은 발생시점이 가장 불안감이 컸고 시간이 지남에 따라서 빠르게 안정을 회복하는 경향을 보였다. 북한의 NPT탈퇴라던가 남북관계 위기 고조 등의 사건이 모두 비슷한 과정을 거쳤다. 하지만 이번에는 좀 다른 영향을 생각해 볼 수 있다. 비록 단기적으로는 다른 이벤트와 마찬가지로 단기악재에 그치는 듯 보인다. 그러나 북한은 향후 긴 시간에 걸쳐 변화를 모색할 것이고 이 과정에서 북한과 관련된 문제는 국내 경제와 금융시장에 지속적으로 영향을 미칠 수 밖에 없다. 또한 상황은 예상치 못한 방향으로 변할 여지도 남아있다. 현재 북한의 입장에서 의도하는 것은 정치적인 안정이다. 이러한 목표를 달성하기 위해 선택하게 될 방안에 따라서 우리가 받을 수 있는 영향은 다소 달라질 수 있다. 우선 북한은 더 폐쇄적인 정책으로 내부단속을 강화할 수 있다. 아니면 내부적인 개혁을 통해서 불만을 진정시켜 가는 다소 혁신적인 선택을 할 가능성도 있다. 하지만 가장 가능성이 높아 보이는 것은 기존의 정책을 유지하면서 최대한 시간을 벌어가면서 점진적인 변화를 모색하는 것이 될 것이다. 이런 세번째의 가능성을 염두에 둔다면 북한과 관련된 문제는 당분간 민감한 이슈로 부각되기 보다는 잠재적인 불안요소로만 남아있을 가능성이 크다. 이미 금융시장이 반응한 것처럼 단기적인 영향 이상의 변화가 한동안 감지되지 않는 상태에 머무를 가능성이 크다는 것이다.

러시아에서까지 민주화에 대한 요구가 높아지고 있는 상황에서 다른 많은 국가와 달리 북한이 정치적인 도전을 크게 받지 않는 것은 더 폐쇄적이며 오랜 기간 동안 지배기반을 다지는 노력을 해왔기 때문이다. 물론 김정일로 이어진 2대 체제에 비해 그 준비기간은 더 짧았지만 북한 내부에서는 충분히 인지되었던 상황인 만큼 단기간내 혼란이 가중될 가능성은 그만큼 낮았다고 볼 수 있다. 북아프리카나 중동 국가들처럼 예상치 못한 상황에서 맞이한 정치적 변혁은 아니기 때문이다.

향후 북한은 과거 그랬던 것처럼 직접 남북관계를 통해 해결점을 찾기보다는 대외관계의 돌파구를 미국에서부터 찾을 것이다. 내부적인 잠재적인 불안요인이 큰 만큼 대외관계를 대립적인 구조로 몰고가기 보다는 화해적인 분위기로 이끌 가능성이 크다. 오직 내부 불안이 심각한 경우에만 대외와의 대립각을 세워 내부 문제를 진정시키려 할 가능성이 크다. 따라서 북한이 미국과의 관계개선을 모색할수록 북한이 안정화되고 있다는 신호로 받아들일 수 있을 것이다.

향후 북한이 3대 세습체제로의 이행해가는 과정에서 대북리스크가 증폭될 여지는 여전히 남아있다. 이 경우 지정학적인 불안 확대, 잠재적인 통일비용 상승, 그리고 중국, 미국 및 일본과의 외교적 문제가 복잡해지는 것 등은 우리에게는 바람직하지 않은 변수이다. 이런 문제들은 모두 직간접적인 비용을 수반함으로써 한국 경제에는 부담을 줄 수 있는 변수이다.

현재까지 진행되고 있는 정황에 비추어보면 북한을 둘러싸고 있는 다양한 이해당사자들은 북한을 자극하는 것을 자제하고 있는 분위기이다. 북한이 단기적으로 내외부적으로 문제에 동시에 직면할 경우 극단적인 선택을 할 가능성이 있고, 누구도 이런 상황을 반기지 않기 때문이다. 특히 북한 군부가 김정은을 지지하고 있는 상황에서 외부에서 북한을 자극할 가능성은 낮다. 따라서 안보와 관련된 문제들이 부각될 여지는 낮은 것으로 보이며, 북한 문제는 보다 장기적인 관점에서 고려되어야 할 것으로 보인다.

많은 전문가들이 지적하고 있는 것처럼 4월로 예상되는 7차 당대회가 북한과 관련해 가장 주목을 끄는 이벤트이다. 김일성 100주기이도 한 이 시점에 새로운 지도부는 체제를 공고히 하기 위해서 대내외적으로 선언적인 정책들을 내놓을 가능성이 높다. 이들이 내놓을 정책과 이에 대한 반응 등을 통해서 북한체제의 안정화 여부를 가늠해 볼 수 있을 것이다. 아직까지 이러한 방향에 대해 어떤 그림도 그리기 어렵다는 점은 북한문제는 잠재적인 불안요소임을 단적으로 보여주는 예이다.

유럽문제 해결안돼 변동성 더 커질 듯

김정일 사후 북한과 관련된 잠재적인 불확실성이 높아진 만큼 국내경제에 미치는 영향은 불가피하다. 물론 당장 큰 변화를 가져올 직접적인 영향이 예상되지는 않는다. 그러나 간접적인 영향은 장기적으로 생각보다 크게 나타날 수 있다. 우선 북한의 변화는 국제금융시장 여건이 매우 불확실한 상황에서 발생했다는 것이 부담스럽다. 유럽 재정문제는 여전히 진행형에 있으며, 미국경제 역시 안정을 쉽게 회복하고 있지 못하다. 이런 상황에서 잠재적인 불안요인이 하나 더 가세하면서 경제의 불확실성을 확대시켰기 때문이다. 이는 한국경제 및 금융시장이 대외적인 악재에 더 민감해질 수 있음을 의미한다. 소위 변동성은 지난해보다 더 커질 수 밖에 없다. 실례로 북한문제가 발생하기 이전에 2012년 원/달러 환율 변동범위를 1,000~1,200원 사이로 만약 예상했었다면, 북한 문제를 더해서 수정하게 되면 그 범위는 1,000~1,350과 같이 더 위쪽으로 높여 잡을 수 밖에 없다는 것이다. 한국이라는 브랜드가 그만큼 더 할인 받는다는 것이다. 외국인 투자자들의 입장에서는 이러한 잠재적인 환손실의 가능성을 염두에 두고 투자에 나서야 한다. 국내 기업의 입장에서도 해외투자에 더 많은 비용이 들 수 있는 위험이 있다는 것을 염두에 두어야 한다.

이런 한국에 대한 인식변화는 국제 신용평가사들을 통한 평가를 통해 확인할 수 있을 것이다. 신평사들은 북한과 관련된 불확실성을 감안해 한국에 대한 평가를 기존보다 부정적으로 볼 수 있다. 높아진 안보비용, 통일과 관련된 잠재적 위험 등이 비용으로 인식될 수 있다는 것이다. 물론 이런 비용들을 단기적으로 직접 부담할 가능성은 낮다. 경제 및 금융시장의 변동성이 높아지고 이를 미리 인식하는 과정에서의 할인을 통해서 이러한 비용을 치루는 것이 부담으로 더해질 수 있다.

2 | 미국 경제 전망

- ▶ 디레버리지 과정에서 저성장 지속
- ▶ 심리개선으로 약한 선순환 경제
- ▶ 달러가치 하락은 필연

디레버리지 과정에서
저성장 지속

2008년 금융위기 수준 회복

2008년 리먼브라더스가 파산하면서 미국 경제는 위기에 빠졌다. 2008년 하반기부터 미국 경제가 투자를 중심으로 급격하게 위축되면서 국내총생산(GDP)은 2009년 2분기에는 2008년 2분기보다 5% 줄어들었다.

미국 정부는 위기를 극복하기 위해 과감하게 재정지출을 늘리고 연방기금금리 목표 수준을 거의 '영'(0) 퍼센트까지 인하하는 등 확장적 통화 정책을 사용했다. 이런 정책 효과로 미국 경

〈그림〉 경제위기 전후의 미국의 GDP 추이 : 2011년 3분기에 위기수준으로 회복

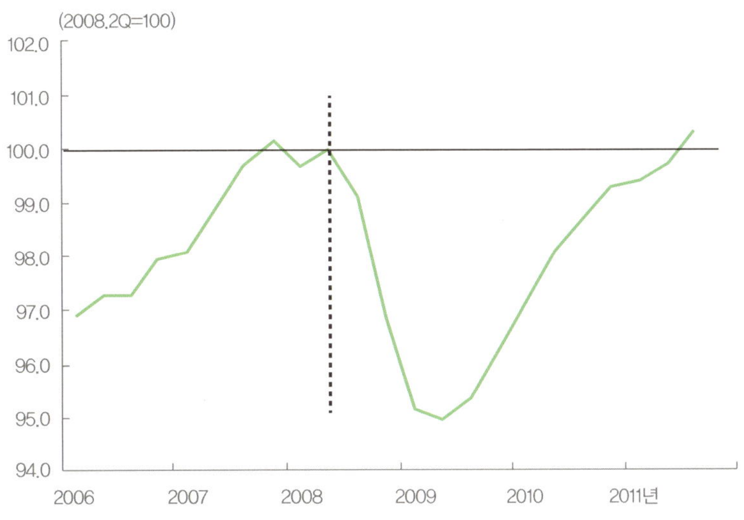

자료 : Bureau of Economic Analysis

제는 2009년 하반기부터 회복세를 보였다. 특히 2011년 3분기에는 GDP가 2008년 2분기 수준까지 올라갔다. 약 3년 만에 어느 정도 경제위기를 극복한 것이다.

재정적자 확대

이제 문제는 미국 경제가 얼마나 빠른 속도로 성장할 수 있는가에 있다. 수요측면에서 GDP를 구성하고 있는 각 부문을 보면 미국 경제는 이중 침체에 빠지지는 않겠지만 저성장이 불가피해 보인다.

수요 측면에서 GDP가 증가하려면 정부가 지출을 늘리거나 민간 부문에서 소비와 투자가 증가해야 한다. 또한 수출이 늘어야 경제가 성장할 수 있다.

우선 정부 부문부터 살펴보자. 이번 경제위기를 겪으면서 미국정부는 지출을 크게 늘려 경제가 침체에서 벗어나는데 크게 기여했다. 그러나 이 과정에서 정부의 재정적자는 크게 늘었다. 2007년 재정수지 적자는 국내총생산(GDP)의 1% 정도였으나, 2009년에는 10%가 넘었고 2011년에도 9% 안팎의 적자를 유지하고 있다. 이렇게 적자 폭이 확대되다 보니 미국은 2011년 8월

〈그림〉 미국의 재정수지 추이 : 재정으로 경기 부양에 한계

자료 : Federal Reserve

에 국제 신용평가기관인 스탠더드앤푸어스(Standard& Poor's)로부터 국가신용등급을 강등당하는 수모까지 겪었다.

소비자 채무조정 과정에서 낮은 소비

미국의 재정이 부실해졌기 때문에 앞으로 정부의 경제성장에 대한 역할은 줄어들 수밖에 없다. 그렇다면 민간 부문에서 수요가 증가해야 경제가 성장할 수 있는데, 소비와 투자가 향후 몇 년 동안 크게 늘어날 가능성은 낮다.

우선 미국 GDP의 70%를 차지하고 있는 소비부터 살펴보자.

1990년 중반 이후 정보통신혁명으로 생산성이 증가하면서 미국 경제는 고성장과 저물가를 동시에 달성했다. 1980년에서 1995년까지 미국의 노동생산성이 연평균 1.5% 증가했으나, 1996년에서 2004년까지는 연평균 3.1%로 크게 향상되었다.(2006~2010년은 다시 2.1% 하락) 이런 경제를 일부 전문가들이 '신경제'(New Economy) 혹은 '골디락스 경제'(Goldilocks Economy)라 표현했다. 실제로 생산성이 크게 증가하기 시작했던 1997~98년 동안 미국 경제가 4% 이상 성장하는 가운데 소비자물가는 2%대의 상승에 그쳤다.

문제는 미국의 가계가 신경제를 지나치게 신뢰하고 과소비를 했다는데 있다. 1980년에서 1993년 사이에 월평균 8.1%였던 가계 저축률이 2005년에는 1.6%까지 하락했다. 2007년까지도 저축률은 2.4%로 낮은 수준을 유지했다.

신경제에 대한 과신과 더불어 중국으로부터 싼 상품과 자금이 들어오면서 물가는 안정되었다. 물가안정으로 금리도 매우 낮은 수준을 유지했다. 저금리로 주택 가격이 상승했고 이는 다시 소비 지출을 늘리게 했다.

미국 가계가 소득 수준 내에서 소비를 했다면, 2008년과 같은 경제위기를 겪지 않을 것이다. 그들은 돈을 빌려 소비했다. 미국 가계부채가 가처분 소득에서 차지하는 비중은 1995년 말 88%였으나, 2007년 말에는 130%까지 상승했다. 이 기간 동안 부채 규모도 4851억 달러에서 13조 7777억 달러로 3배나 증가했다.

돈을 빌려 파티를 즐겼던 것이다. 그러나 2008년 주택 가격이 하락하고 경제위기가 심화되자 미국 가계는 저축을 늘리고 부채를 상환해가고 있다. 2005~2007년에 1~3%로 떨어졌던 가계 저축률은 2008년 이후 5% 이상으로 상승했다. 또한 가계 부채도 줄어들고 있다. 2007년 가처분소득대비 130%까지 올라갔던 가계부채는 2011년 3분기에는 114%로 떨어졌다. 가계부채 금액 자체도 최고치였던 13조 8961억 달러(2008년 6월)에 비해 2011년 9월에는 13조 2076억 달러로 3년 사이에 6885억 달러 감소했다.

아직은 가계의 채무조정이 진행되고 있는 만큼 소비가 증가하면서 미국의 경제성장을 주도할 가능성은 낮다. 여기다가 고용이나 주택 가격을 고려하더라도 소비가 증가할 가능성은 적다.

〈그림〉 가계부채/가처분소득 비중 추이 : 가계 디레버리징 과정

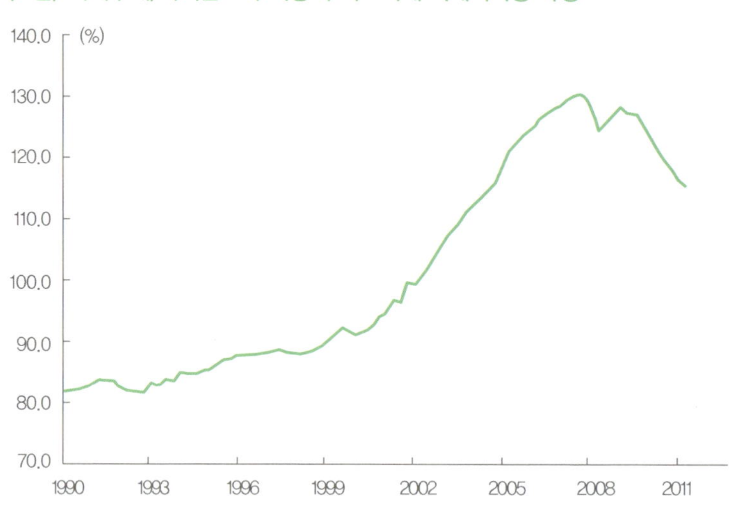

자료: Federal Reserve

높은 실업률도 소비 위축 요인

2008~2009년 미국 경제는 침체에 빠지면서 866만개의 일자리를 잃었다. 2010년부터 경제는 점차 회복국면에 접어들고 서비스업 중심으로 일자리가 늘고 있다. 그러나 2010년 1월부터 2011년 11월까지 고용이 239만개 는 데 그쳐, 이제 겨우 잃어버린 일자리의 28%를 찾은 셈이다.

고용 부진으로 실업률도 2009년 하반기부터 9% 안팎의 높은 수준을 유지하고 있다. 미국 가계의 소비심리는 실업률과 밀접한 관계가 있는데, 높은 실업률 때문에 소비심리도 크게 위축된 상태가 지속되고 있다.

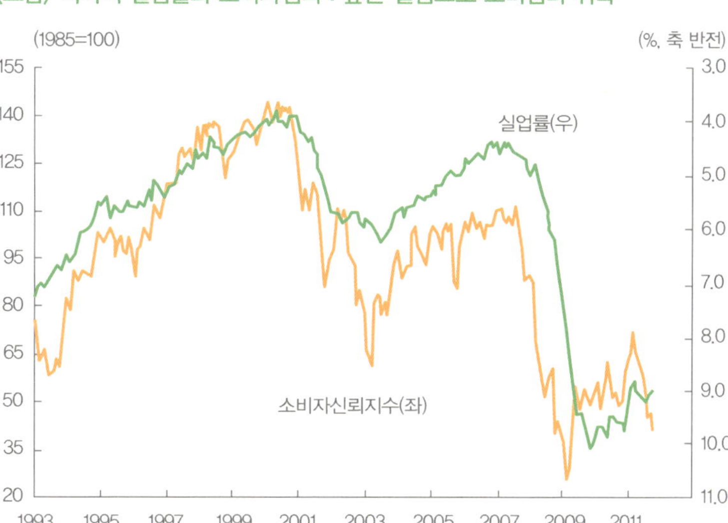

자료 : Conference Board, Bureau of Labor Statistics

위 그림은 실업률과 소비자심리를 보기 위해서 실업률을 역축으로 그린 것인데, 실업률 증가는 소비심리를 위축시키고 있다. 2012년에도 실업률이 9%에서 크게 벗어날 가능성이 낮기 때문에 소비심리가 호전될 가능성은 낮아 보인다.

주택경기 이중침체 조짐

1990년대 중반 이후 저금리를 바탕으로 미국의 주택 가격이 크게 상승했고, 이는 소비 증가에 크게 기여했다. 자산 가격 변동이 소비에 미치는 영향을 분석하는 자료에 따르면 주가보다 주택가격이 소비지출에 더 영향을 준다. 1990년대 중반 이후 주택 가격의 급등은 소비 증가에 크게 기여했을 것이다. 그러나 2007년부터 주택 가격이 급락하면서 소비에 부정적 영향을 주고 있다.

아래 그림은 케이스−실러가 작성하는 미국의 10대 도시 주택가격 지수를 소비자물가로 나눠 실질 가격을 구한 것이다. 중장기적으로 주택 가격이 소비자물가만큼 상승하면 받아들일 수 있다는 것이다. 그림에서 100은 주택가격이 소비자물가만큼 오른 것을 의미한다.

1990년을 기준으로 했을 때, 2000년부터 실질가격이 100을 넘어서고 주택 가격은 물가보다 더 오르기 시작했다. 2006년 5월에는 주택 가격이 물가보다 75%나 올라 거품이 발생했다. 그러나 그 이후 거품은 붕괴되기 시작했다. 주택 가격이 2009년 상반기까지 급락한 뒤 1년 정도 반등했다. 이것이 소비심리 안정에 어느 정도 기여했다. 그러나 2010년 하반기부터 실질 주택 가격이 다시 하락하고 있다. 이를 보고 일부 경제학자(예를 들면 루니엘 루비니 교수)들은 미국 주택 경기가 이중침체에 빠졌고, 소비 역시 감소하면서 미국 경제가 다시 침체를 겪을 수 있다고 전망했다.

주택 가격 하락세가 더 이어지면 소비심리를 위축시키고 실제로 소비 지출을 억제할 것이다. 그러나 이미 가계가 주택 가격의 급락을 경험하였기 때문에 주택 가격의 하락이 소비에 주는 영향은 다소 줄어들었을 가능성이 높다. 또한 2011년 11월 현재 실질 주택 가격은 104로 거의 거품이 해소된 상태이기 때문에, 가격 하락은 앞으로는 완만하게 진행될 가능성이 높다.

그러나 주택 가격 하락은 높은 실업률과 더불어 소비심리를 위축시키는 요인임에는 틀림 없다.

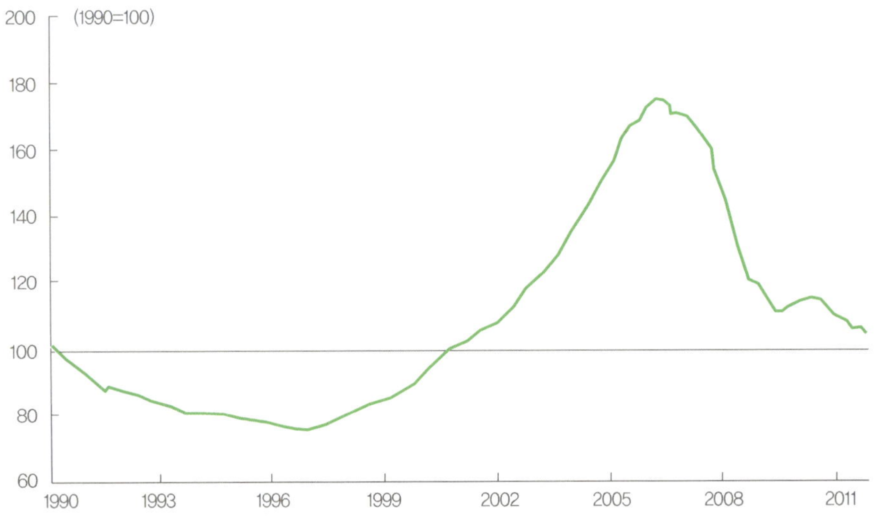

〈그림〉 미국의 실질 주택가격 추이 : 주택경기 이중침체 조짐

주 : 미국 10대 도시 기준
자료 : Bloomberg

달러가치 하락으로 서비스 소비 증가

한편 달러 가치 하락은 소비 지출 구조를 변화시킬 것이다. 우선 달러 가치 하락으로 미국의 수입 가격이 상승했다. 미국 소비자 입장에서는 중국이나 우리나라에서 수입하는 상품 가격이 비싸진 것이다.

이와는 달리 자국 내에서 생산되는 서비스 가격은 상대적으로 싸졌다. 이런 의미에서 미국 가계는 아시아에서 생산되는 제품(예를 들면 가전제품) 소비를 줄이고, 서비스 지출을 늘릴 것이다. IT 측면에서 보면 하드웨어보다는 소프트웨어에 대한 지출이 상대적으로 더 많아진다는 의미이다. 소비의 절대량은 크게 변하지 않지만 소비지출의 구성 변화가 있을 것이다.

과잉투자 해소 국면

앞서 살펴본 것처럼 미국의 정부와 가계는 부실해졌기 때문에 정부나 가계의 소비 지출이 늘어 미국 경제가 높은 성장을 할 가능성은 낮다. 그렇다면 돈 많은 기업이 투자와 고용을 늘려

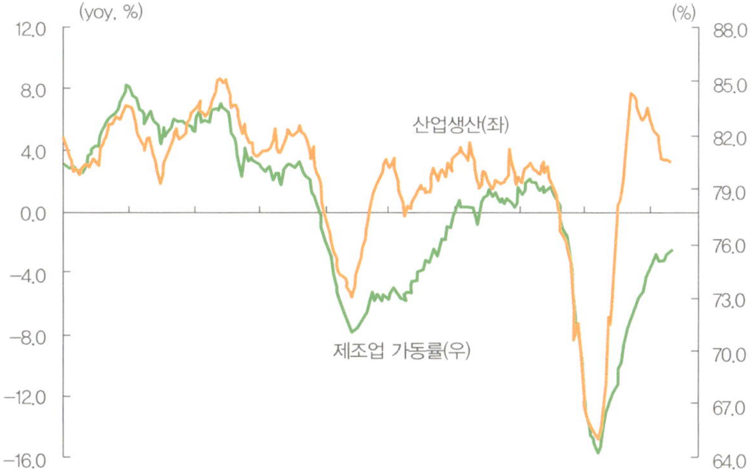

〈그림〉 제조업 가동률과 산업생산 : 낮은 제조업 가동률도 투자 저조

자료: Federal Reserve

〈그림〉 달러가치와 미국 GDP에서 수출비중 : 달러가치 하락으로 수출 증가

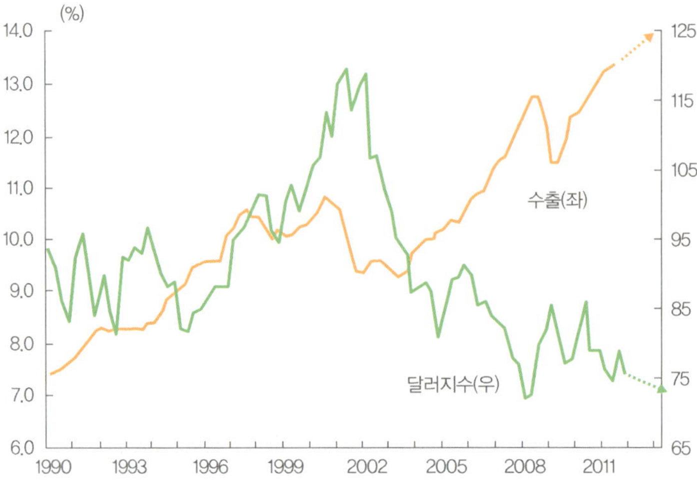

자료 : Bureau of Economic Analysis,
Board of Governors of the Federal Reserve System

야 미국 경제가 지속 가능한 성장 국면으로 접어들 수 있다.

그러나 2011년 6월 현재 사상 최대치인 2조 달러 이상의 현금성 자산을 보유하고 있는 기업들이 투자를 크게 늘릴 가능성은 낮다. 미국 경제는 1990년 중반 이후 지금까지 과잉투자의 후유증을 겪고 있기 때문이다.

미국 경제가 2009년 하반기부터 회복되고 있지만, 아직 실제GDP는 잠재 수준 아래에 있다. 경제 전체적으로 보면 공급능력이 수요를 초과하고 있는 것이다. 기업들의 투자 여력이 크지 않다는 의미이다. 실제로 제조업 가동률은 2011년에도 76% 안팎으로 낮은 수준에 머물고 있다. 제조업 가동률이 80% 이상으로 올라가야 기업들이 투자를 늘릴 텐데, 그 시기는 2012년은 아닐 것이다.

달러 가치 하락과 수출 증가

정부가 경기를 부양하기 위해 재정지출을 늘리는 건 이미 한계에 도달했다. 가계는 저축을 늘리고 부채를 줄여가고 있다. 돈 많은 기업은 가동률이 낮기 때문에 투자를 늘리지 않는다. 그렇다면 미국 경제가 성장하기 위해서는 수출에 의존할 수밖에 없다.

수출을 늘리려면 달러 가치가 하락해야 한다. 실제로 2002년 이후 달러 가치는 지속적으로 떨어지고 있으며 최근에는 그 속도가 더해지고 있다. 달러 약세로 미국 GDP에서 수출이 차지하는 비중은 2002년 10.6%에서 2010년에는 12.7%로 증가했다. 2011년에도 3분기까지 13.1% 더 높아지고 있다. 특히 2010년에는 수출의 GDP 성장 기여율이 44%로 높아졌다. 수출 때문에 미국 경제가 이중침체를 면할 가능성이 높은 것이다.

미국 경제, 2012년 2% 안팎 성장 전망

2009년 하반기 이후 미국 경제는 소비와 투자는 완만하게 증가했지만 수출은 상대적으로 더 증가하면서 2011년까지 회복세를 보여왔다. 2012년에도 GDP 증가세는 지속될 전망이다. 그러나 지금까지 살펴본 것처럼 가계가 부채조정을 거치고 있기 때문에 소비 증가는 1%대에 그칠 전망이다. 투자도 초과공급 능력 때문에 소폭 증가에 그칠 전망이다. 그러나 달러 약세에 따른 수출 증가로 미국 경제는 2012년 2% 안팎 성장할 전망이다.

〈표〉 2012년 미국의 분기별 경제성장률 전망   (단위 %)

	2011					2012					2013
	1/4	2/4	3/4	4/4	연간	1/4	2/4	3/4	4/4	연간	연간
GDP성장률	0.4	1.3	1.8	2.8	1.8	1.9	2.1	2.3	2.5	2.1	2.5
경상수지/경상GDP	−3.2	−3.2	−3.1	−3.0	3.1	−3.0	−3.0	−3.1	−3.0	−3.0	−3.0
소비자물가	2.1	3.5	3.8	3.4	3.1	2.5	2.1	1.8	2.0	2.1	2.2
실업률	8.9	9.1	9.1	8.8	9.0	8.8	8.8	8.7	8.6	8.7	8.3
기준금리(말)	0.25	0.25	0.25	0.25	0.25	0.25	0.25	0.25	0.25	0.25	−
국채(10년, 말)	3.47	3.16	1.92	1.95	1.95	2.16	2.32	2.50	2.67	2.67	−

자료 : Bloomberg(2011. 12)

달러가치 하락 추세 지속

달러 가치 하락 추세가 계속되고 있다. 특히 2011년에는 달러 값이 주요국 통화에 비해 사상 최저치까지 떨어졌다. 앞으로도 달러 가치가 더 하락할 것이고, 장기적으로는 기축통화로서의 역할도 축소될 가능성이 높다.

달러 가치 사상 최저치

아래 〈그림〉은 1973년 이후의 미 달러 가치 추이를 보여주고 있다. 1990년대 중반 이후에는 미국 경제의 견실한 성장을 바탕으로 달러 가치가 1995년 4월부터 2002년 2월까지 40% 상승했다. 그러나 2000년 'IT' 거품이 붕괴되고 미국의 경상수지 적자가 지속할 수 없을 정도로 확대되는 등 미국 경제의 불균형이 심화되면서 달러 가치는 2002년 2월부터 하락하기 시작했다. 2011년 말까지 달러 값은 33% 정도 떨어졌다.

〈그림〉 미 달러 가치 : 1985년 이후 하락 추세 지속

자료 : Board of Governors of the Federal Reserve System

달러가치 하락 요인(1) : 세계 경제에서 미국 비중 축소

한 국가의 통화가치는 그 나라의 총체적 경제력을 반영한다고 해도 과언은 아닐 것이다. 아래 〈그림〉은 미국의 국내총생산(GDP)이 세계에서 차지하는 비중과 달러 지수 추이를 보여주고 있는데, 거의 같은 방향으로 변동하고 있음을 알 수 있다. 물론 미국 GDP가 달러 그 차제로 표시되기 때문에 이런 현상이 나타난다.

미국 GDP가 세계에서 차지하는 비중은 2001년 32%로 사상 최고치를 기록한 후, 2010년에는 24%까지 떨어진 것으로 추정된다. 이 기간 동안 달러 가치(연평균 기준)도 30%나 하락했다. 앞으로도 중국 등 신흥시장이 소비 중심으로 성장하면서 이들 지역의 경제가 세계에서 차지하는 비중은 지속적으로 증가하고, 미국의 비중은 감소할 것이다. 앞으로 미국의 경상 GDP가 4% 정도 성장한다 하더라도, 중국 등 이머징마켓의 경제가 더 빨리 성장할 것이기 때문에 2020년에는 미국은 비중이 20% 이하까지 떨어질 가능성이 높아 보인다.

〈그림〉 세계경제에서 미국 비중 감소, 달러 가치 하락

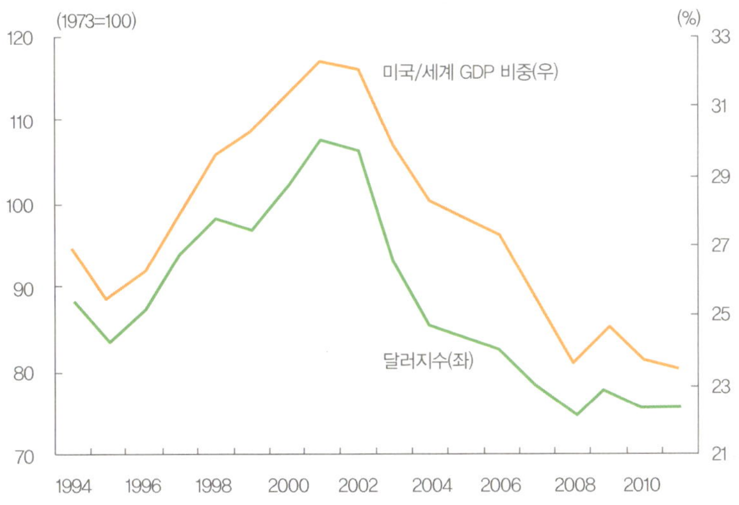

주 : 2011년 GDP 비중은 전망치, 달러지수는 10월까지 평균
자료 : Board of Governors of the Federal Reserve System, IMF

달러가치 하락 요인(2) : 미국경제의 불균형 해소 과정

1990년대 중반부터 미국경제는 정보통신혁명을 바탕으로 생산성이 증가하면서 고성장과 저물가를 동시에 달성했다. 이런 경제를 '신경제' 혹은 '골디락스 이코노미'라 불렀다. 이 과정에서 미국 가계는 미래를 지나치게 낙관하면서 저축을 줄이고 소비를 늘렸을 뿐만 아니라 금융회사에서 돈까지 빌려 소비했다. 이에 따라 미국 가계의 가처분 소득에서 가계 부채가 차지하는 비중이 1993년에 84%였으나, 이것이 2007년 말에는 130%까지 급증했다. 2011년 9월 말에는 이 비중이 114%로 낮아졌으나, 아직도 높은 수준에 있는 것은 부인할 수 없는 사실이다.

소비가 는다는 것은 그만큼 해외로부터 수입이 증가한다는 의미이다. 이에 따라 미국의 경상수지가 큰 폭으로 적자로 돌아섰고, 2006년에는 경상수지 적자가 8,567억 달러(경상 GDP대비 6%)로 사상 최고치를 기록했다. 그 이후 경상수지 적자가 점차 줄어드는 모습을 보이고 있다. 2010년에 경상수지 적자가 4,702억 달러로 줄었고, GDP대비로도 3.2%로 낮아졌다. 2011년에도 GDP대비 3.2% 수준을 유지한 것으로 추정된다.

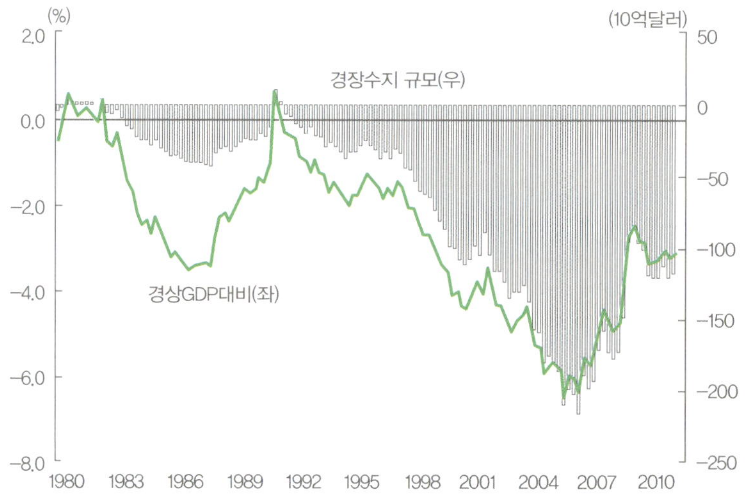

〈그림〉 달러가치 하락으로 경상수지 적자 축소 과정

자료 : U.S. Department of Commerce: Bureau of Economic Analysis

2008년 글로벌 금융위기 이후 미국 가계는 부채를 줄여가고 있다. 이 과정에서 미국 경제의 70%를 차지하고 있는 소비 증가세가 둔화되고 경상수지 적자도 축소될 것이다. 미국 경제의 불균형 해소를 위해 달러 가치 하락이 더 필요하다는 것이다.

달러가치 하락 요인(3) : 미국으로 자금유입 둔화

2000년 이후 미국의 경상수지 적자가 크게 확대되었음에도 미국 달러 가치가 유지되었던 것은 미국 주식 및 채권 시장으로 외국 자금이 꾸준하게 유입되었기 때문이었다.

그러나 각 국가의 외환보유액 중 달러 비중은 지속적으로 감소하고 있다. 이 비중이 2001년 72%에서 2010년에는 61%로 낮아졌다. 특히 그 동안 대규모의 무역수지 흑자를 바탕으로 미국 국채를 주로 사주었던 중국이 더 이상 달러 보유를 크게 늘릴 가능성은 낮다. 실제로 2011년 10월 현재 중국의 미 국채보유액은 1조 1,759억 달러로 2010년 말(1조 1,1601억 달러)에 비해서 소폭 증가했다. 물론 2011년 10월 현재 외국인의 미국 국채 보유 중 중국의 비율이 27%로 가장 높은 것은 사실이다.

〈그림〉 미국으로 자금 유입 둔화와 달러 약세 예상

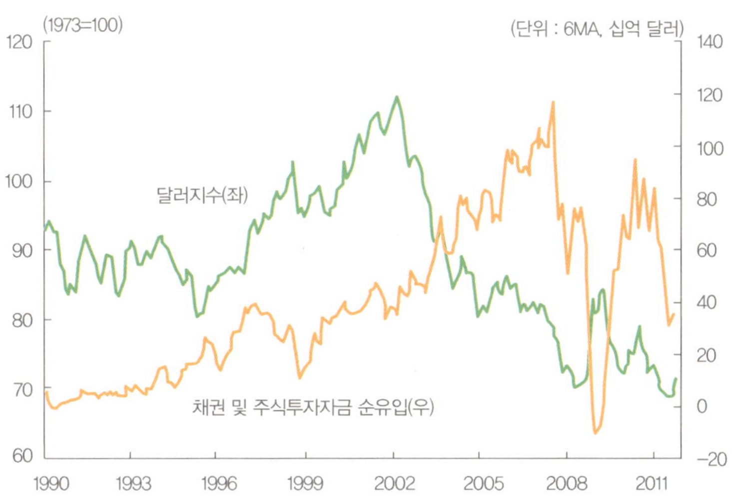

자료 : Board of Governors of the Federal Reserve System

최근에 일부 전문가들은 3조 달러 이상인 중국 외환보유액이 적정 수준을 크게 상회하고 있다는 진단을 내리고 있다. 또한 중국 정부는 미국 국채보유액을 줄여서 국부펀드인 중국투자공사(CIC) 기금을 최대 2,000억 달러까지 늘릴 계획을 세우고 있는 것으로 알려졌다.(FT, 2010. 4.26)

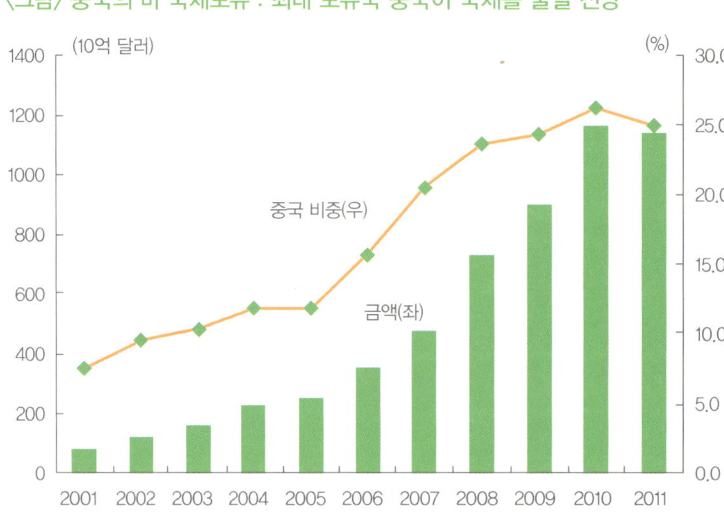

주 : 2011년은 8월 기준
자료 : U.S. Department of the Treasury

달러가치 하락 요인(4) : 미국의 저금리 정책 지속

미국 경제가 완만하게 회복되고 있는 것은 사실이다. 그러나 아직도 미국 경제에 디플레이션 압력이 크고 고용이 부진하기 때문에 미 정책 당국이 통화정책을 긴축적으로 운용할 가능성은 낮다.

오른쪽 〈그림〉은 미국 의회에서 추정한 잠재 GDP와 실제 GDP 차이를 보여준다. 2009년 3분기에 실제 GDP가 잠재 수준보다 무려 8.1%까지 하락해 디플레이션 압력이 심화되었다. 그 후

경제가 회복되면서 이 차이는 줄어들고 있으나, 2010년 3분기에도 6.7%로 여전히 미국 경제는 잠재성장 수준을 크게 하회하면서 성장하고 있다. 이는 미국 경제에 인플레이션이 나타날 가능성이 매우 낮다는 것을 시사한다.

또한 미국의 고용 회복속도도 매우 느리다. 이번 금융위기를 겪으면서 2008~9년 사이에 비농업 부문에서 일자리가 866만개나 사라졌다. 2010년 1월부터 2011년 11월까지 고용이 239만명 늘었으나, 잃어버린 일자리 중 이제 겨우 28%를 되찾은 것이다. 실업률도 현재 9% 안팎의 매우 높은 수준을 유지하고 있기 때문에 2012년에도 미국 정책 당국은 금리를 올리면서 긴축정책으로 돌아설 가능성은 낮아 보인다.

달러가치 하락세 지속 전망

앞서 달러 가치가 하락하는 4가지 이유를 살펴보았다. 요약해보면, 우선 미국 경제가 세계에서 차지하는 비중이 2001년 이후 지속적으로 감소하고 있다. 둘째, 미국 경제 내부적으로는 소비

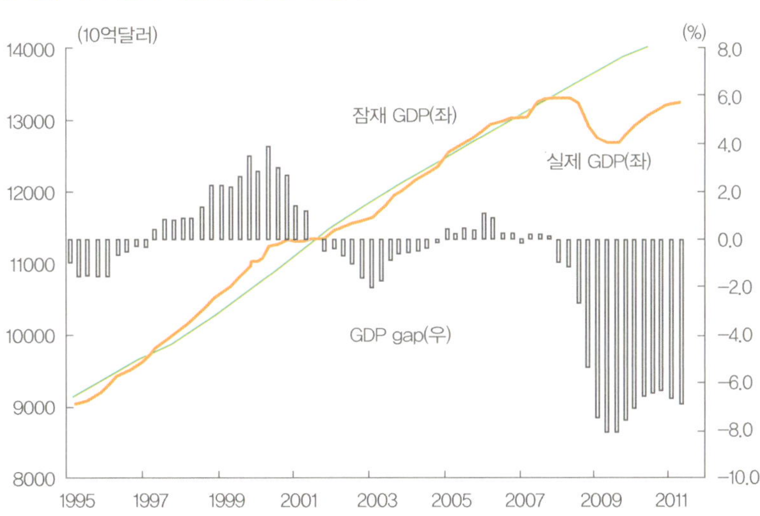

〈그림〉 미국 경제 디플레이션 압력 심화

주 : GDP gap은 실제와 잠재 GDP의 % 차이임
자료 : 미 의회

증가세 둔화와 이에 따른 경상수지 적자 축소로 불균형이 해소되는 과정에 있다. 셋째, 각국이 보유하고 있는 중앙은행의 외환보유액 중 달러 비중이 축소되고 있고, 특히 중국이 미 국채를 더 이상 살 가능성이 낮아지고 있다. 마지막으로 미국경제는 아직도 디플레이션 압력이 있고 고용 증가 속도가 느리기 때문에, 미 정책 당국이 당분간 완화적인 통화 정책을 지속할 것이다.

달러가치 하락은 글로벌 불균형 해소에 도움

달러 가치가 급격하게 하락하지 않는 한, 이는 세계 경제에 긍정적이다. 달러 약세는 미국의 수출을 증가시켜 경상수지 적자를 줄여주고 경제성장에 어느 정도 기여할 것이다. 또한 달러 가치 하락에 따른 아시아 통화 가치의 상승은 중국을 중심으로 이들 지역이 내수 중심으로 성장하게 할 것이다. 달러 가치 하락으로 글로벌 불균형이 해소되는 과정이 이미 전개되고 있고, 앞으로도 이런 현상은 지속될 가능성이 높다.

심리개선으로 약한 선순환 경제

'새 해 미국경제는 약할 것이다?' '그렇지 않다고 본다.' 물론 장기 평균 성장률보다는 약하겠지만 우려보다는 강할 것으로 전망된다. 왜냐하면 미국경제를 더 밑으로 끌어내릴 요인이 실제로 약해지고 있기 때문이다. 비록 아직 가계부채 정리가 완전히 끝나지 않았고 일자리 창출이 주택경기와 소비심리를 본격 끌어 올릴 상황은 못 되고 있지만 그렇다고 이를 더 끌어 내릴 정도 또한 아니다 보니 당초 우려한 것보다는 조금 나아지는 거시환경이 가능하다고 본다.

미국경제는 여전히 어렵고 복잡한 환경에 처해 있다. 지난해 제로금리에 양적완화를 지속했지만 그 효과는 여전히 미미했고 달러화만 강했다. 달러가치가 상대적으로 강했던 것은 2011년 내내 유로존의 재정위기가 시장을 지배했기 때문이고 경제지표가 오락가락 한 것은 2008년 금융쇼크에서 미국경제가 완전히 벗어나지는 못했기 때문이다. 새해에도 미국경제의 전체 모습은 '혼돈 속에 어느 정도의 디플레이션' 모습이 불가피해 보인다. 즉 대부분의 경제지표가 여전히 냉담한 가운데 일부 지표만 회복세를 보임에 따라 전문가들을 헷갈리게 만들 것이다.

우려보다는 나을 것

미국경제는 너무 큰 풍선에 유효수요라는 바람을 불어 넣고 있는 형국이다. 아직 풍선에 바람이 전혀 차지 않았다. 상당기간 민간의 자발적인 수요가 크게 살아나지 못하고 경기가 여전히 탄력을 잃고 헤매는 모습이 불가피하다. 다만 그 정도가 모두가 우려하는 수준보다는 양호할 것이란 뜻이다. 풍선에 수요의 바람이 점점 더 채워지고 있기 때문이다.

경기가 당장 급격한 침체로 가기에는 순환적인 요인이 살아나고 있고 그렇다고 강한 회복을 보이기에는 구조적인 요인들이 이를 가로 막고 있다. 특히 다음과 같은 요인들의 둔화 및 해소로 미국경제가 소폭의 회복을 보일 수 있다고 판단한다. 즉 그간 미국경제를 억눌렀던 것들은 부동산 가격의 하락, 재고증가, 감원압력의 증가, 산업 공동화와 제조업 이탈, 가계의 이자비용 증가, 은행들의 가계 및 기업대출 감소, 대출태도 악화, 신용공급 위축, 일본계 기업들의 서플라이 체인 단절 등의 요인들이다. 이러한 부정적인 요인들이 2012년에는 일부 줄어들 것이다. 결국 2012년 미국경제의 유효수요 압력은 2011년보다는 올라가고 소비심리, 투자심리, 대출심리, 금융시장의 심리 등이 개선되면서 미약하지만 선순환의 가능성을 비춰줄 것으로 본다.

더욱이 지금 미국경제 회복의 이면에는 '시간'이란 변수가 작용하고 있다. 2008년 금융위기 이후 미뤄졌던 투자와 소비가 일부 실행되면서 수요압력이 조금씩 올라가고 있기 때문이다. 지속적인 고유동성과 제로금리 또한 이러한 자연적인 수요회복에 도움을 주고 있다. 금융위기 이후 3~4년 간에 걸친 가계 빚 감소와 저축률의 상승도 가계소비의 회복을 도울 것으로 보인다.

2008년 금융위기 이후 약 3년간 미국가계는 빚 정리(deleveraging)를 꾸준히 해왔다. 아니 거의 강제적으로 빚 정리를 당해왔다. 이제 겨우 시스템적 위험을 피해 숨 고르기를 하고 있는 상황인데 그 결과 가계저축률은 올라가 있고 가계부채도 상당히 줄어들었으며 가계부채로 인한 소득대비 이자비용 지출비율이 최근 3~4년 간 꾸준히 떨어져 왔다. 가계부문이 빚을 정리해오는 동안 기업들은 새롭게 설비를 늘리기 보다는 기존설비를 활용해 가동률을 조금씩 높여 왔고 금융위기로 쌓인 재고를 꾸준히 소진해왔다.

디레버리지 과정 완성국면

이렇듯 재고순환적인 요인은 올해 미국경제에 우호적으로 작용할 듯하다. 미국의 제조업 가동률이 지난 3~4년간 가계부채 정리과정에서 꾸준히 올라 지금 금융위기 이전 수준까지 근접해 와있다는 것은 이제 최소한의 순환적인 경기회복이 나타날 수 있음을 시사하는 대목이다. 또한 기업의 감원압력이나 자본재 수주액(설비투자의 선행지표), 상업은행의 기업대출 금액추이, 회전신용 증가율, 상업은행의 가계대출 태도, 개인소득 금액추이 등도 모두 추세적으로 우상향을 보이고 있는데 이는 2012년 중 미국경제가 우려보다 양호할 수 있음을 예고하는 사실이다.

오바마 정부의 재정정책 프로그램도 비록 그 강도가 크지 않고 단기 실효성 또한 크게 기대하기 어렵지만 새해 미국경제의 순환회복에 약간의 플러스로 작용해줄 것 같다. 이 밖에 2011년 미국경제를 억눌렀던 마찰적 요인들, 즉 연초 중동 북아프리카 사태와 유가상승, 일본 대지진,

국가 채무한도 위협에 이어 터진 유럽 재정위기 등도 2012년에는 경기의 마이너스 요인에서 조금씩 중립요인으로 바뀌어 갈 것 것으로 보인다.

만약 지속적인 제로금리와 양적 완화효과가 순환적인 경기회복과 만나고 자산가격이 들썩거리면 통화 유통속도가 올라가고 신용창출이 활발히 일어나면서 경제주체들의 심리개선이 뒤따르게 된다. 일시적으로라도 경기가 매우 강한 모습을 띨 수도 있다는 얘기다. 이때 사람들은 성장률 전망치를 올리는 우를 범할 것이다. 하지만 실제로 이는 그다지 지속적인 신뢰를 주지는 못할 것이다. 본격적이고 보다 꾸준한 성장궤적으로의 복귀는 아직 아니라고 본다.

미국경기가 추세적으로 아직 호황을 넘볼 수 없는 가장 큰 이유는 '가계 빚 줄이기' 과정에서 소비자들이 지갑을 열 여력이 충분치 않기 때문이다. 소비수요의 위축은 여전히 고용을 억제하는 악순환의 고리다. 정부정책도 금융과 재정 양면에서 모두 실효성을 보이기에는 아직 역부족이다. 그래서 미국경제의 중장기적 경기기조는 저성장, 디플레이션, 탄력적인 성장의 한계에 머물 가능성이 높다. 일시적이고 순환적인 경기회복만 반복될 뿐 좀처럼 강한 성장의 계기를 찾기는 어렵다고 본다. 미국 사람들이 더 열심히 일하고 더 많은 응용기술을 상업화하고 제조업을 더 강하게 만들어서 노동생산성이 임금상승률을 상회하면서 경제를 끌고 가지 않고서는 말이다. 그런데 이런 식으로 바뀌는 데에는 시간이 꽤 걸릴 것 같다.

상반기부터 달러 약세 돌입

한편 달러화는 연초 강세가 예상되지만 유럽사태가 일단 진정되는 상반기 중 약세로 기울 것으로 예상된다. 글로벌 위험자산에 대한 경계감이 일시 둔화될 것으로 보는 이유는 이탈리아를 포함한 유럽 주요 채무국들의 국채만기 위험이 연초에 일시 증폭된 후 정책합의와 함께 급격히 안정될 수 있다고 보기 때문이다. 지금은 유럽재정위기가 영원히 갈 것 같지만 실제로는 그렇지 않다. 세상을 지배하는 위험의 종류는 늘 바뀌기 마련이다. 유럽사태가 조금만 진정되어도 글로벌 유동자금들은 불나방같이 기존의 포지션을 정리하고 그 반대의 흐름을 쫓아 갈 것이다. 2013년 상반기까지 제로금리를 유지한다는 미국 통화당국의 정책공언과 유럽의 금리인하, 그리고 연초부터 본격화될 유로존의 양적완화는 글로벌 금융시장에서 투기의 본능을 자극할 것이다. 지금까지 어마어마하게 풀린 글로벌 유동성이 아무일 없이 유동성 함정 속에 계속 갇혀 어떤 자산이나 가격지표의 왜곡, 혹은 금융시장에 어떤 무리조차 주지 않고 점잖게 넘어갈 확률은 매우 낮아 보인다.

기축통화국 지위 축소되지만 지위 상실은 아니다.

즉 조금만 경기에 대한 불확실성이 줄어들어 회복의 가능성이 나타나기 시작하면 지구촌에 산재한 유동성은 별안간 폭발적인 위력을 발휘할 수 있다. 결국 막대한 글로벌 잠재 유동성과 경기회복에 대한 기대감, 유로화의 가치안정이 만나는 시점에서 달러캐리, 엔캐리 자금의 이동, 특히 신흥국 자산과 상품에 대한 공격적인 매입 러시가 달러화의 약세와 더불어 폭풍을 불러일으킬 수도 있다.

중장기 관점에서 달러화의 기축성이 사람들의 우려와는 달리 상당기간 더 지속될 것이라 확신한다. 국제통화의 기능 가운데 가장 중요한 것은 통용성이다. 국제통화로서의 대중성이 갖춰지기 위해서는 관습적인 요인은 물론 그 발권국의 경상수지가 상당기간 적자를 보여 다른 여러 나라에서 그 특정국의 통화가 유통되고 있어야 한다. 미 달러화가 상당기간 약세를 보인다고 해서 그것이 기축통화로서의 지위상실로 바로 연결되는 것은 아니다. 기축통화로서 달러화의 지위가 점진적으로 약화될 수는 있지만 그것이 당장 달러화의 기축성 상실로 볼 수는 없을 것이다. 어쩌면 달러화에서 다른 통화, 이를테면 위안화로 기축통화가 바뀌어가는 과도기적 상황에서 달러화와 유로화 기타 통화의 바스켓으로 구성되는 제3의 통화질서가 채택될 수는 있다. 하지만 그것도 지금 가시적인 시간 내에 현실화되기는 어렵다.

달러가치 하락은 필연

지난 수년간 미국경제가 가지고 있는 많은 모순이 드러났고, 미국 국가신용 등급이 하향 조정되는 초유의 상황을 경험하면서 미국 달러에 대한 신뢰가 많이 약해졌다. 그런데 유럽 재정위기가 확대되면서 현 상황에서 가장 유력한 달러 대체통화라 할 수 있는 유로화 역시 달러 못지않게 신뢰도가 흔들리게 되었다. 미국과 유럽의 불안은 일본 엔화를 초강세로 만들었지만 엔화도 역시 한계가 있다. 무역흑자국인 일본은 엔화 유동성을 충분히 공급할 수 없는 한계가 있고, 엔화가 다른 통화를 대체하기에는 일본은 규모가 너무 작다.

결국 달러는 미워도 국제 기축통화로써의 위상이 크게 흔들리기는 어렵다. 미국이 더 좋아서

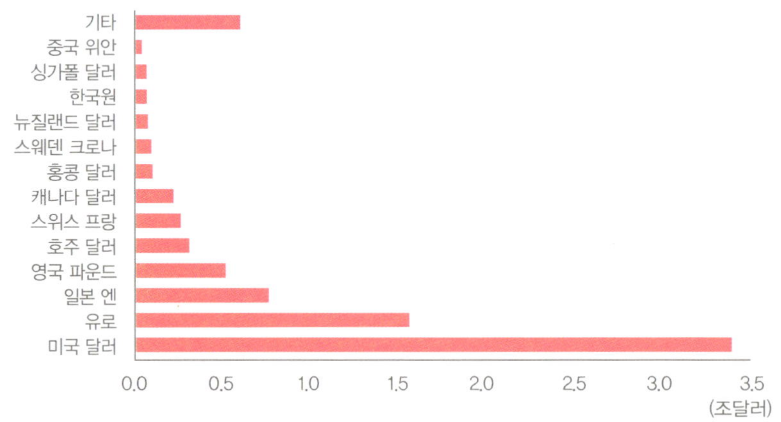

세계 외환시장 일평균 거래규모 비교(세계 외환거래의 85%는 달러와 다른 통화의 거래)

자료 : BIS, Triennial Central Bank Survey of Foreign Exchange and Derivatives Market Activity in 2010

가 아니라 누가 더 못났는지를 가려야 하는 못난이 경쟁에서 미국이 그다지 더 나쁘지도 않기 때문이다. 이런 상황을 감안한다면 달러화는 여전히 국제 기축통화로써의 역할을 담당하게 될 것이고, 달러 가치도 안정세를 유지할 것으로 예상된다. 2012년에도 달러가치는 유로화에 대해서, 그리고 엔화에 대해서 큰 변동을 보이지는 않을 것으로 예상된다.
비록 달러화의 결제통화로써의 지위는 흔들리지 않을지라도 달러에 대한 불안한 심정을 지울 수는 없다. 따라서 달러표시 자산을 많이 보유하고 있을 경우 보유하고 있는 달러표시 자산을 다른 자산으로 바꾸고 싶은 욕구는 여전히 높다.

화폐 보유동기별로 나누어 달러의 매력을 보자. 미국 달러는 이 중에서 거래수단이라는 기능은 여전히 충실히 이행할 수 있을 것으로 예상되지만, 가치저장 수단과 위험에 대비하기 위한 예비적 동기라는 기능 측면에서는 위상이 낮아질 수 밖에 없다. 높은 미국의 재정수지 적자와 불안한 금융시스템, 지난 수년간 엄청난 규모로 발행된 달러 발행 등이 이러한 불안의 원인으로 작용할 것이기 때문이다. 이런 불안감은 달러대신 화폐의 제2, 3수단으로써의 기능을 할 수 있는 대안 통화를 찾는 노력으로 이어질 것이다.

한국 등 아시아 통화에 국제적 관심

그 동안 국제 금시세가 초강세를 보여온 것은 이런 달러의 불안과 관련이 높다. 그런데 이제 금가격이 많이 상승하면서 금가격의 반락 가능성에 대한 위험 역시 높아졌다. 따라서 금이외의 또 다른 대안을 추구할 수 밖에 없다. 선진국 국채는 이런 기능을 거의 상실하고 있기 때문에 선진국 다음의 발전된 국가들의 통화 혹은 국채가 이런 역할을 대신할 것이다. 대표적인 것이 스위스 프랑, 호주달러, 그리고 비유로화 사용 유럽통화(영국 파운드는 제외)들이 될 수 있다. 또한 중국 위안화와 한국을 비록한 NIEs 등 아시아 통화 역시 지속적으로 이런 측면에서 관심을 받을 것으로 예상된다.

좀 더 긴 관점으로 보아도 달러의 국제 결제통화로써의 기능이 흔들릴 가능성은 낮다. 미국이 마치 그리스나 이탈리아와 같은 국가처럼 국채위기를 겪지 않는다면 말이다. 하지만 결제통화로써의 기능 이외의 달러의 역할은 이미 쇠퇴하고 있다. 종합적으로 본다면 달러는 단순한 거

자료 : FRB, 토러스투자증권 리서치센터

래수단으로써의 기능할 뿐이다. 이는 달러가 이전처럼 안정적인 지위를 향유할 것임을 담보해 주지는 못한다. 과거 달로본위제가 시작된 이래 비교적 긴 시간 동안 달러화는 강세와 약세의 장기순환을 반복해 왔는데, 현재 달러화는 장기적으로 다시 약세로 기우는 전환점에 서있는 것으로 보인다.

환율은 통화간의 교환 비율이다. 따라서 달러가 약세이다라고 이야기하기 위해서는 상대방이 필요하다. 대표적으로 80년대 플라자 합의 이후로는 달러가 일본 엔화에 대해 약세였던 것처럼 말이다. 현재 시점에서 달러가치를 끌어내릴 가장 유력하게 제기되는 통화중의 하나는 중국 위안화이다. 미국도 무역수지 불균형을 해소한다는 명분하에 대미 최대 무역흑자국인 위안화 절상에 대한 요구 강도를 높이고 있다.

중국은 경제규모가 충분히 크고, 위안화가 사용되는 빈도 역시 높아지고 있지만 여전히 많은 한계점을 가지고 있다. 가장 큰 한계는 자본이동의 자유가 허용되지 않는 것이다. 어디에서나 원하는 만큼 충분하게 위안화를 사거나 파는 것이 원활하지 않다. 중국은 지난 수년간 위안화의 국제화를 위해 홍콩과 미국에서 위안화 거래를 시작했지만 아직은 달러 대체를 논하기에는 부족한 걸음마 수준에 불과하다.

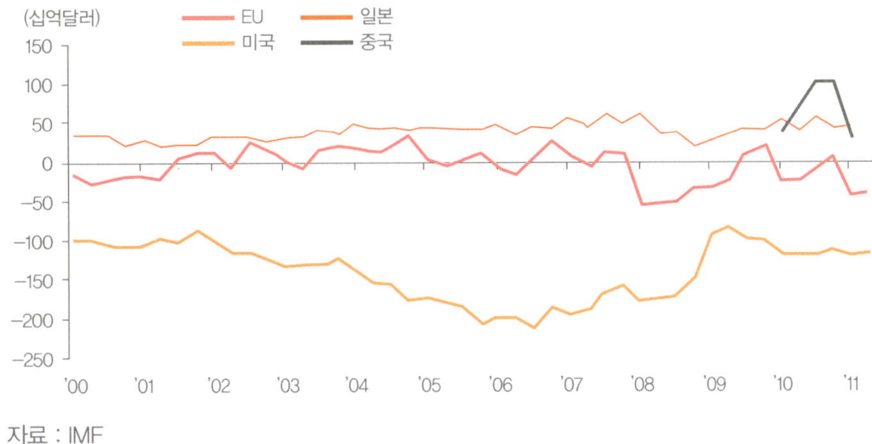

자료 : IMF

달러화 가치 빠르게 하락할 가능성 높아

이 같은 대안부재는 미국 달러화 가치가 빠르게 하락할 가능성이 낮음을 시사한다. 달러를 피하고 싶어도 대안이 충분하지 않기 때문이다. 또한 중국도, 그리고 한국도 환율문제가 부각될 때마다 항상 강조하듯이, 모든 미국의 상대방은 달러대비 자국 통화가치 변동 속도를 완만하게 가져가고 싶어한다. 이러한 서로의 이해관계의 접점에서 내려지는 결론은 급격하지 않은 달러 약세이다. 달러 약세를 주도하는 통화는 중국 위안화를 비롯해 여타 무역흑자국가인 한국, 싱가포르, 대만, 그리고 ASEAN국가들까지 확산되어 갈 수 있는 가능성이 크다.

국제통화제도가 정비된 이래 처음으로 이머징통화 강세가 장기화될 가능성이 높아졌다. 이는 장기적으로 신흥국가 및 소규모 개방경제를 지향하는 국가들이 무역에서뿐만 아니라 국제 금융에서도 위상이 높아지는 계기가 될 것이다.

3 | 중국 경제 전망

- ▶ 한자리수 성장·내수시대 진입
- ▶ 연착륙·소비시대 시작
- ▶ 내수위주 성장정책 확대

한자리수 성장·내수시대 진입

미국 경제의 이중침체 가능성과 더불어 유로지역의 국가채무위기가 진행되는 가운데, 일부에서는 중국 경제마저 경착륙할 수 있다는 진단을 하고 있다. 필자는 중국의 가계 소비가 증가할 것이기 때문에 향후 5년 이내에는 중국 경제가 경착륙할 가능성은 매우 낮은 것으로 보고 있다.

그러나 1988년 하계 올림픽 개최 이후 우리 경제성장률이 한 단계 낮아졌던 것처럼 중국의 경

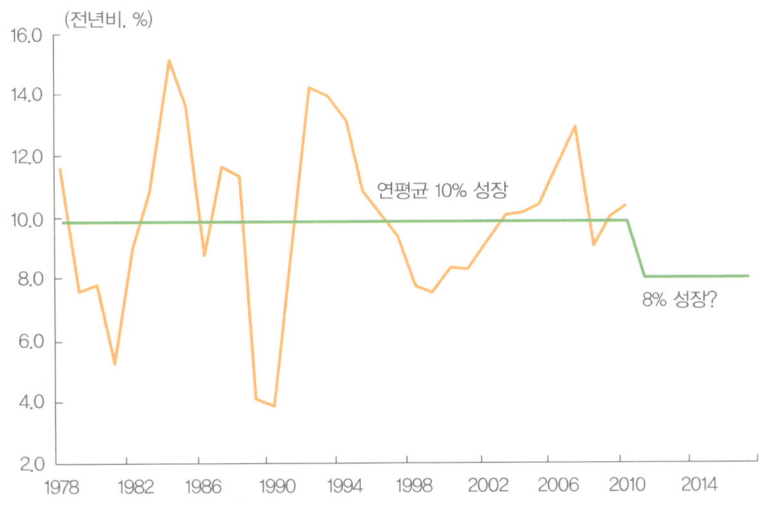

자료 : CEIC

제성장 둔화도 불가피해 보인다. 2011년은 한자리수 성장으로 정착되는 원년이 될 것이다. 또한 더 멀리 보면 안정성장 국면으로 가기 위한 진통을 겪을 수도 있다.

고속 성장에서 경제성장 둔화 단계 진입

중국이 자본주의 경제에 편입했던 1978년에서 2010년까지 33년 동안 중국 경제는 연평균 10%라는 매우 높은 성장을 달성했다. 세계 경제사에 전례가 없을 정도로 중국 경제가 이처럼 높은 성장을 달성할 수 있었던 것은 생산 요소 가격이 매우 저렴했기 때문이었다. 중국 정부는 저금리 자본을 산업에 할당했다. 공장용 토지 가격은 매우 낮았으며, 가격을 통제하면서 싼 에너지를 산업 현장에 제공했다. 또한 농촌에서 도시로 몰려든 저임금의 풍부한 노동력이 있었다.

그러나 이제 생산 요소들의 가격이 올라가고 있다. 2011년 대부분 지역에서 최저임금이 20% 이상 오르는 등 근로자의 임금이 빠른 속도로 상승하고 있다. 지난 30년 동안 1자녀 갖기 운동으로 노동인력 비중도 머지 않아 정점을 지날 것이다. 토지도 점차 희소해지고 그 가격도 오르고 있다. 여기다가 정부도 더 이상 기업에 신용을 싸게 공급하지 않을 것이다. 에너지와 유틸리티 가격도 자유화하고 있다. 또한 도로 항만 건설 등 사회간접자본에도 과거처럼 비효율적으로 투자하지는 않을 것이다.

중국 상품에 대한 선진국 수요 둔화

한편 수요 측면에서 볼 때도 중국 경제가 계속 두자릿수 성장을 하기는 어렵다.

1990년대 중반부터 정보통신혁명으로 미국 경제가 높은 성장을 하는 과정에서 가계는 소비를 크게 늘렸다. 미국의 가계 저축률이 1980년에서 1993년까지 연평균 8.1%였으나, 2007년에는 2.4%까지 떨어졌다. 미국 가계는 미래를 지나치게 낙관하면서 저축을 줄이고 소비를 늘렸을 뿐만 아니라 금융회사에서 돈까지 빌려 소비했다. 이에 따라 미국 가계의 가처분 소득에서 가계 부채가 차지하는 비중이 1993년에 84%였으나, 이것이 2007년 말에는 130%까지 급증했다. 2011년 3분기에는 이 비중이 114%로 낮아졌으나, 아직도 높은 수준에 있는 것은 부인할 수 없는 사실이다.

미국의 가계소비가 느는 동안 중국은 낮은 임금을 바탕으로 물건을 값싸게 생산해서 미국 소비자들에게 수출했다. 미국의 가계 수요를 중국 생산자들이 충족시키는 과정에서 중국은 미국으로부터 큰 돈을 벌어들일 수 있었다. 1993년에서 2010년까지 18년 동안 중국의 대미 무역 흑자는 1조 2493억 달러에 이르렀다. (이 기간 동안 중국의 무역수지 흑자 총액이 1조 5075억 달러였는데, 미국이 83%를 차지한 것이다). 미국 소비자들이 중국의 고성장에 크게 기여했다고 해도 과언은 아닐 것이다.

중국은 상품을 수출해서 벌어들인 돈으로 미 국채를 사주었다. 미 재무부 통계에 따르면 2011년 10월 현재 중국은 미 국채를 1조 1759억 달러 보유하고 있다. 외국인이 가지고 있는 미 국채(4조 3731억 달러)중 중국의 보유비중은 27%를 차지하고 있다. (일본은 20% 를 가지고 있는데, 2008년부터 중국이 일본을 제치고 미국의 최대 국채보유국으로 등장했다). 2001년 말에 중국의 미 국채 보유액은 786억에 달러였는데, 10년 사이에 15배나 증가한 것이다.

중국이 이렇게 미국 국채를 사주니 미국 금리는 매우 낮은 수준을 유지했고, 이는 미국의 주

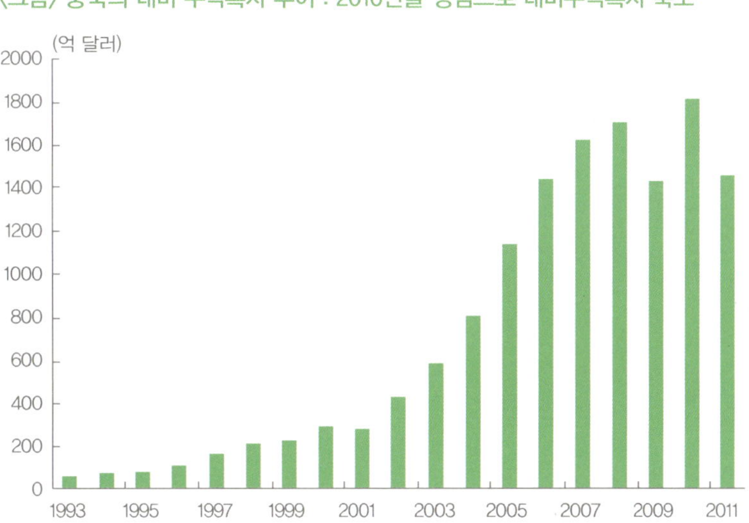

<그림> 중국의 대미 무역흑자 추이 : 2010년을 정점으로 대미무역흑자 축소

주 : 2011년은 1~8월 기준
자료 : CEIC

택가격 상승과 더불어 소비 증가를 초래했던 것이다. 미국의 소비 증가는 다시 중국의 상품 수요 증가로 이어졌다.

그러나 2008년 금융위기를 겪으면서 미국 가계는 디레버리징을 하고 있다. 가처분소득에서 가계 부채가 차지하는 비중이 줄어들고 있는 것이다. 가처분소득이 어느 정도 증가한 탓도 있지만, 가계 부채 규모 자체도 감소하고 있다. 예를 들면 미국 가계 부채는 2008년 13조 8961억 달러로 사상 최고치를 기록했는데, 이것이 2011년 9월말에는 13조 2076억 달러로 6885억 달러가 감소했다. 미국 소비자들이 더 이상을 돈을 빌려 소비를 하지 않는다는 것이다. 여기다가 중장기적으로 위안화 가치는 오르고 미 달러 가치는 떨어지는 추세에 있기 때문에 미국 가계의 중국 상품에 대한 소비 증가세는 둔화될 가능성이 높다.

한편 중국의 최대 수출 지역인 유로지역의 경제는 국가채무위기를 겪는 가운데 경기침체를 겪고 있다. 2011년 1~9월 중 유로지역이 중국의 수출에서 차지하는 비중은 19%로 미국(17%)보다 높다. 선진국의 낮은 경제성장으로 중국의 수출 증가율이 둔화될 수밖에 없는 실정이다.

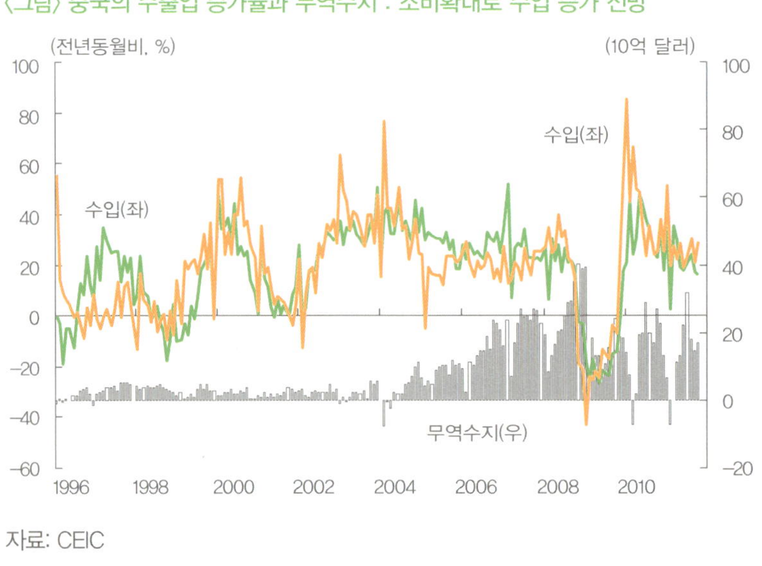

〈그림〉 중국의 수출입 증가율과 무역수지 : 소비확대로 수입 증가 전망

자료: CEIC

실제로 왼쪽 그림에서 볼 수 있는 것처럼 미국과 유로지역의 국가채무위기가 심화된 2011년 3분기부터 중국의 수출 증가세는 둔화되는 조짐이 나타나고 있다.

지금까지 살펴본 것처럼 중국의 생산 요소 가격이 상승하고 선진국 경제성장의 둔화로 수요가 위축되고 있기 때문에 중국 경제의 두자릿수 성장시대는 마무리돼가고 있다. 앞으로 5년 정도는 8% 안팎의 성장을 할 가능성이 높다.

투자 중심으로 10%대 성장

중국 경제가 그동안 고성장을 했던 것은 수출과 더불어 투자가 크게 늘었기 때문이었다. 우선 총고정투자가 국내총생산(GDP)에 차지하는 비중은 1990년 35%였으나, 2005년에는 42%까지 상승했다. 2008년 미국에서 시작된 글로벌 금융위기를 극복하는 과정에서 중국 정부는 투자를 더 늘려 경기를 부양해야 했고, 2010년에는 이 비중이 49%까지 상승하면서 사상 최고치를 기록했다.

한편 중국 경제는 일본과 우리나라를 포함한 다른 아시아 국가와 마찬가지로 수출 중심으로 성장했다. 아시아 국가들은 초기에는 신발과 같은 단순 노동집약적 상품을 만들어 수출했다. 그 다음에 여기서 벌어들인 자본을 재투자하여 이들은 반도체와 컴퓨터 등 고급제품을 만들어 수출 주도로 높은 경제성장을 달성할 수 있었다. 흔히 말하는 아시아의 기적이라고 불리는 수출 주도의 성장 패턴을 중국도 따랐던 것이다.

특히 중국은 2001년 세계무역기구(WTO)에 가입한 이후 저임금과 빠른 기술 습득으로 다른 아시아 국가들이 생산한 거의 모든 제품을 만들어 내, 아시아 기러기 대형의 선두에 서고 있을 정도다. 이에 따라 순수출(총수출-총수입)이 GDP에서 차지하는 비중도 2001년 2%에서 2007년에는 9%까지 상승했다. 그 후 이 비중이 다소 낮아지고는 있지만 2010년에도 4%로 비교적 높은 수준을 유지하고 있다.

이와는 달리 민간소비가 GDP에서 차지하는 비중은 1980년 이후 지속적으로 낮아지고 있다. 1980년 51%에서 1990년과 2000년에는 각각 49%와 46%로 떨어졌고, 2010년에는 34%로 사상 최저치를 기록했다. 소비가 GDP에서 차지하는 비중이 70%인 미국과 비교해보면 턱없이 낮고, 우리나라의 53%(이상 2010년 기준)에 비해서도 훨씬 낮은 수준이다.

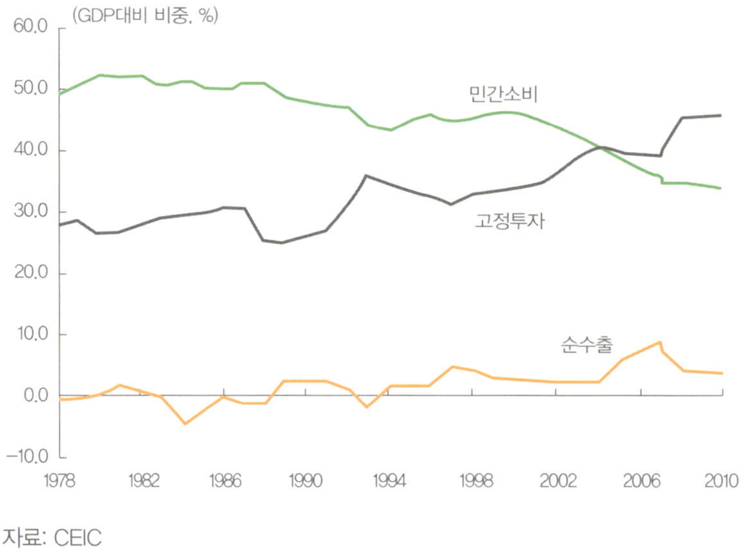

자료: CEIC

소비 증가로 연착륙 가능

중국 경제는 이제 더 이상 수출과 투자 중심으로 성장할 가능성은 낮다. 우선 중국 수출 중에서 약 40%를 차지하고 있는 미국과 유럽 경제가 적어도 향후 5년 정도는 저성장을 할 가능성이 매우 높기 때문이다. 은행에서 돈을 빌려 소비를 늘렸던 미국 가계는 이제 부채를 상환해가고 있다. 유로 지역이 국가채무위기를 완전히 극복하기 위해서는 재정통합에 준하는 조치가 나와야 할 텐데, 그 끝은 아직 보이지 않는다. 여기에 중국 정부는 투자 효율성이 낮은 도로나 항만 등 사회간접자본에 과거처럼 투자하지는 않을 것이다.

소비가 증가하지 않으면 중국 경제는 경착륙할 가능성이 높다. 이를 우려해 중국 정부는 2011년에서 2015년까지 5개년 계획을 세우면서 소비 중심으로 경제성장을 하겠다고 발표했다. 문제는 중국 가계가 소비를 늘릴 수 있는가에 달려 있는데, 다음과 같은 몇 가지 측면에서 그 가능성이 높아 보인다.

첫째, 세계 역사를 보면 1인당 국민소득이 3000 달러를 넘어서면 서서히 소비 주체로 등장한다. 중국의 1인당 국민소득이 2008년에 이미 3000 달러의 벽을 넘어섰고, 2010년에는 4000 달러도 웃돌았다. 상해와 북경 같은 일부 지역은 만 달러에 이르고 있다.

둘째, 가계의 소득 증가와 더불어 중국 정부의 내수 부양책이 효과가 있을 것이다. 2009년 4월 중국 정부는 낮은 소비 지출이 사회보장제도의 미비에 기인한 것으로 판단하고 의료제도 개혁 방안을 마련했다. 현재까지 상황을 보면 의료비의 급증, 의료보장제도 미비, 보장 수준의 저열 문제로 '看病貴'(진료비나 약값이 비쌈)나 '看病難'(진료 받기가 어려움) 등과 같은 사회적 문제가 팽배한 실정이다. 2009년 4월에 통과된 '의료개혁방안'은 그 당시 가입율이 25%에 불과한 의료보험을 2012년에는 90% 이상으로 올리는 것을 목표로 하고 있다. 이와 더불어 도시 및 농촌 주민의 실업 등 사회복지 보장 권리를 강화한 사회보험법으로 중국 가계는 소비 지출을 늘릴 것이다.

셋째, 2009년 8월 중국 정부는 중장기적으로 내수를 활성화하기 위해 소비자 할부금융회사 운영의 법률적 근거를 마련했다. 이에 따르면 매달 고정적 수입이 있는 중저소득층 계층을 대상으로 전자제품, 집수리 등 개인소비활동 시 월 수입의 5배 이내에서 소비자금융회사가 무담보 할부 금융을 지원하기로 했다. 이 역시 수출 중심의 경제 체계로부터 내수 중심의 성장모델로 전환하고자 하는 중장기적 정책의 일환이라 볼 수 있다.

위안화 가치 상승과 금리 자유화도 소비 증가 요인

중국의 통화가치 상승도 내수 증가 요인으로 작용할 것이다. 미국 경제의 불균형이 해소되는 과정에서 미 달러 가치가 하락하고 중국 위안화 가치는 상승할 가능성이 높다.

실제로 중국이 고정환율제를 포기하고 시장평균환율제를 채택한 2005년 이후 위안화 가치는 꾸준하게 상승하고 있다. 2004년 말 위안/달러 환율은 8.28 위안이었는데, 2011년 말에는 6.29 위안으로 이 기간 동안 위안화 가치는 24% 상승했다.

중국 통화 가치 상승은 단기적으로 소비 증가를 초래할 뿐만 아니라, 중장기적으로 중국 산업 구조를 제조업에서 서비스업으로 이전시키는 촉매 역할을 할 것이다. 이런 의미에서 중국은 세계경제에서 생산자 역할뿐만 아니라 소비자 역할까지 서서히 해 줄 전망이다.

위안화 가치 상승과 더불어 금리자유화 실시에 따른 금리 상승도 가계 소득을 늘려 소비를 증가시킬 것이다. 중국은 그동안 경제성장을 위하여 초저금리 자금을 정책적으로 배분했다. 경제가 10% 성장하는데, 5~6%의 대출금리라면 누구나 돈을 빌려 투자하고 싶어할 것이다. 그러나 보니 자원이 비효율적으로 배분되었다.

앞으로 중국은 점진적인 금리 자유화를 통해 자본이 생산성이 높은 곳으로 흐를 수 있도록 유

〈그림〉 위안/달러 환율 추이 : 위안 가치 상승세 지속

자료 : Bloomberg

도할 것이다. 이 과정에서 예대금리가 오를 가능성이 높다. 금리가 상승하면 생산성이 높은 기업만 돈을 빌려 투자할 것이다.

한편 금리자유화 이후 전개될 예금금리 상승은 가계의 금융소득을 증대시킨다. 가계는 기본적으로 금융부채보다는 금융자산이 더 많은 자금잉여 주체이기 때문이다. 금리 상승으로 가처분소득에서 가계의 몫이 상대적으로 늘면 소비지출이 증가할 전망이다.

물가 안정으로 2012년 초부터 내수 부양 예상

2011년 4분기부터 물가 상승세가 다소 둔화되고 있다. 2012년에는 소비자물가 상승률이 정부

가 목표로 하고 있는 4% 이하로 하락할 전망이다. 그러면 중국 정부가 통화정책을 완화하면서 내수를 부양하고, 이 역시 중국 경제의 연착륙에 기여할 전망이다.

2008년 하반기에 미국에서 시작된 글로벌 금융위기는 중국 경제에도 수출 감소를 통해 타격을 주었다. 10% 넘게 성장을 하던 중국 경제가 2008년과 4분기와 2009년 1분기에는 각각 6.8%와 6.5% 성장으로 급격하게 둔화되었다. 이에 따라 중국 정부는 기업에 은행 대출을 크게 늘리면서 대응했다. 중국의 통화(M2) 증가율이 2009년 12월에는 30%까지 상승했다. 통화 증가와 더불어 경제위기를 극복하기 위한 각국의 경기 부양책으로 원자재 가격 상승하면서 중국의 소비자 물가도 큰 폭으로 상승했다. 2009년 상반기에 하락했던 소비자물가가 같은 해 하반기부터 상승세로 전환되었다. 이런 오름세가 지속되면서 2011년 7월에는 소비자물가가 전년동월비 6.5%까지 상승하기도 했다.

물가 상승을 억제하기 위해 중국 정부는 정책금리와 지준율을 인상하는 등 통화정책을 긴축적으로 운용했다. 그 결과, 2009년 말에 30%까지 올라갔던 통화 증가율은 2011년 11월에는 13%로 떨어졌다. 상관관계를 분석해보면 통화 증가율이 소비자물가 상승률에 1년 정도 선행했다. 2011년 하반기 이후 선진국 경제의 위축으로 원자재 가격이 안정되는 가운데, 이러한 긴축 정책으로 물가 상승세가 점차 둔화되고 있다. 2011년 9월 소비자물가 상승률은 6.1%까지 상승했으나, 7월을 정점으로 점차 하락하고 있다. 11월에는 4.2%로 낮아졌다. 2012년 상반기에는 정부가 목표하는 4% 이하로 떨어질 전망이다.

물가가 이처럼 안정된다면 중국 정부는 더 이상 긴축을 하지 않을 것이다. 2012년에는 통화 증가율이 다시 올라가고, 이 역시 중국 경제가 연착륙하는데 힘을 보탤 전망이다.

연착륙 이후의 고성장의 후유증은 경계해야

지금까지 살펴본 것처럼 투자와 수출 중심으로 성장했던 중국 경제가 앞으로는 소비 중심으로 성장의 축이 바뀔 가능성이 높아졌다. 그러나 소비 증가 추세는 완만하게 진행될 것이다. 이 과정에서 투자와 수출이 소비 증가보다 더 빠르게 위축되면 중국 경제성장률은 크게 떨어질 가능성이 있다. 특히 중국의 수출에서 20%와 18%를 차지하는 유로지역과 미국의 국가채무위기가 심화되면 수출 쪽에서 문제가 발생할 수 있다.

<그림> 중국의 소비자물가와 통화 증가율 : 2012년 물가 안정 전망

자료 : CEIC

그러나 보다 근본적으로는 위안화 가치와 금리 상승은 중국 경제 성장의 질을 변화시킬 것이다. 우선 위안화 가치 상승으로 경쟁력이 없는 수출 기업은 점차 퇴출될 것이다. 또한 앞으로 예상되는 금리자유화에 따른 금리 상승도 기업의 구조조정을 촉진시킬 것이다. 이 과정에서 부실이 드러나고 이들이 누적적으로 쌓이다 보면 나중에 중국 경제가 위기를 겪을 가능성도 배제할 수 없다.

장기적 관점에서 중국경제의 위기 시잘될 가능성

중국 경제가 우리와 비교할 수 없을 정도로 크기 때문에 우리 경제와 같은 성장경로를 따를 가능성은 낮다. 그러나 우리가 일본 경제의 성장 경험에서 교훈을 얻을 수 있었던 것처럼, 우리 경제의 과거를 보면서 중국의 미래를 전망하는데 어느 정도의 실마리는 찾을 수 있을 것이다. 우리 경제는 1981년에서 올림픽을 개최했던 1988년까지 연평균 10%라는 매우 높은 성장을 했다. 그러나 올림픽 개최 이후, 1989년부터 IMF 경제위기를 겪었던 1997년까지 우리 경제 성장률은 연평균 7%대 로 떨어졌다. 1990년대 들어 세계 경제성장률이 낮아지고 우리의 수출 증가세도 둔화되었기 때문이었다. 총수출이 GDP에서 차지하는 비중은 1987년 38%였으나 1993년에는 26%까지 하락했다. 이에 따라 우리 정부는 1990년 주택 2백만호 건설 등 내수 부양책으로 대응했고, 고정자본형성이 GDP에서 차지하는 비중은 1988년 29%에서 1996년에는 37%까지 상승했다.

또한 올림픽 개최 이후 우리 가계의 한계 소비성향이 증가하는 가운데, 소비지출도 늘었다. 소비의 GDP 비중은 1988년 50%에서 1996년에는 54%까지 증가했다. 이런 과정에서 총투자율이 총저축률보다 높아지는 가운데 경상수지 적자가 누적적으로 쌓였다. 또한 이 기간 동안에 지속적인 원화 가치 상승과 금리자유화 진행에 따른 고금리는 경제성장을 둔화시켰다.

이런 경제성장 둔화 과정에서 고속 성장의 부실이 드러났고 우리는 1997년에 'IMF 경제위기'를 겪었다. 중국 경제가 이러한 과정을 따를 것인가는 실물경제를 반영하는 주가가 먼저 말해줄 것이다.

우리 경제는 1989년에서 1997년까지 연평균 7%대라는 비교적 높은 경제성장을 달성했는데, 이 때 우리 주가(KOSPI)는 장기적으로 500~1000 사이에서 움직였다. 중국 주가는 2008년

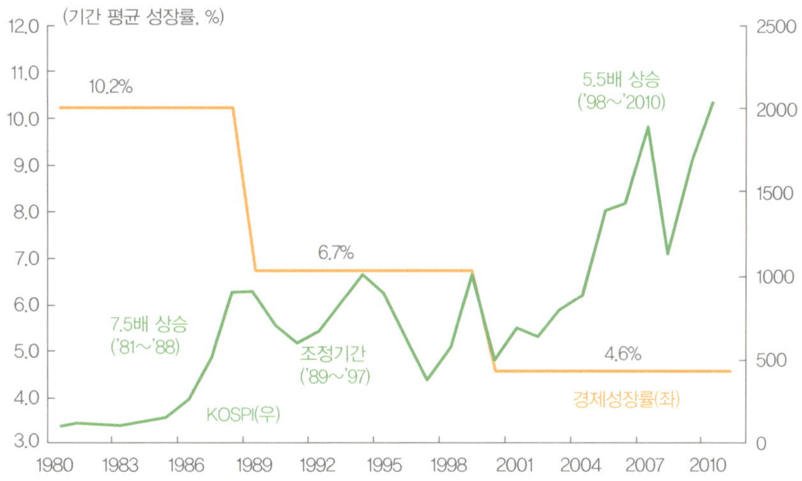

〈그림〉 한국의 경제성장률과 주가 : 안정성장 국면에서 주가 큰 폭 상승

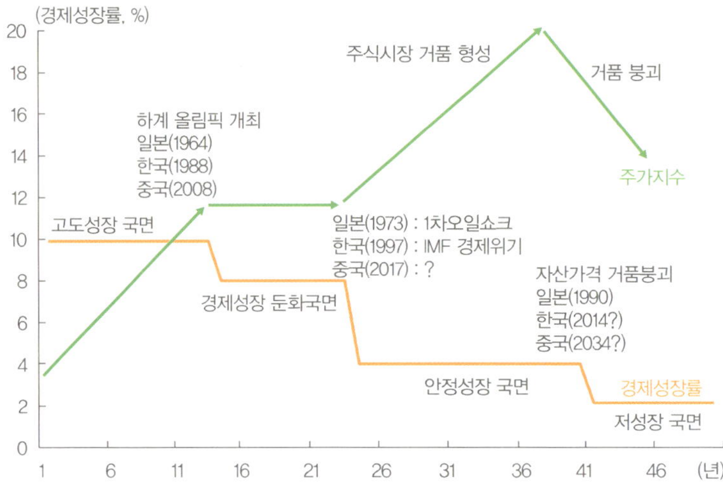

자료 : 김영익, '이기는 기업과 함께 가라'(한스미디어, 2011.7)

부터 거품이 되면서 중장기적으로 조정을 거치고 있다.

1997년 우리가 경제위기를 경험하는 동안 외국인들이 우리 자산을 헐값에 매입했는데, 2017년 전후에 중국이 우리에게 그런 투자기회를 줄 것인지 지켜볼 일이다.

〈표〉 2012년 중국경제 전망 (단위 %)

	2011					2012					2013
	1/4	2/4	3/4	4/4	연간	1/4	2/4	3/4	4/4	연간	연간
GDP성장률	9.7	9.5	9.1	8.6	9.2	8.1	8.2	8.6	8.6	8.5	8.3
소비자물가	5.1	5.7	6.3	5.0	5.5	4.2	3.6	3.0	4.5	3.8	4.4
기준금리(말)	6.06	6.31	6.56	6.50	6.50	6.50	6.50	6.50	6.50	6.50	–
국채(10년, 말)	3.91	3.89	3.93	3.70	3.70	3.60	3.50	3.50	3.50	3.50	–
위안/달러	6.55	6.45	6.38	6.32	6.32	6.3	6.26	6.22	6.16	6.16	5.90

자료 : Bloomberg(2011. 12)

연착륙·소비시대 시작

구조적으로 경제발전은 노동, 자본의 지속적인 투입과 요소생산성의 개선을 통해 가능하다. 어느 나라나 고도성장기를 영원히 유지할 수 없는 이유는 이러한 생산요소의 투입에 결국 한계가 드러나기 때문이다.

일국의 경제가 성숙국면으로 들어가는 신호에는 여러 가지가 있다. 우선 산업화와 도시화의 한계, 요소가격의 상승과 생산재화의 국제경쟁력 상실, 그에 따른 산업공동화와 국내 고용률 저하, 기술혁신의 지연과 실패, 국가재정의 악화, 인구구조의 성숙과 자산가격의 대 상투, 금융의 부실화 등을 들 수 있다. 그러나 이것을 한 마디로 표현하자면 이렇다. '일하는 것보다 더 많이 쓰는 것'을 너무 오랫동안 지속하다 보면 그 나라 국민이 그만한 소득을 유지할 수가 없고 경제가 점점 어려운 지경에서 헤어날 수가 없다는 것이다. 노동을 통해 거둔 부가가치보다 더 많은 소비를 위해 가계소득의 부족부분을 정부가 통화증발과 신용팽창, 혹은 재정적자로 메우다 보면 경제는 돌이킬 수 없는 지경으로 왜곡된다. 그 부분이 장기간 재정적자와 경상수지 적자로 누적되면 결국 재정위기와 금융위기를 초래한다. 이런 관점에서 중국은 아직 선진국들이 걱정할 만큼 그런 성숙된 경제발전 단계에 도달하지 못했다.

중국정부 '쓸 카드' 많아 연착륙 가능

먼저 중국경제의 위험요인을 점검해 보자.

결론은 중국경제의 위기설이 점차 강해지고 있는데 아직까지는 다소 성급한 예측이라 본다. 모든 신흥국이 겪는 위기의 경로는 이렇다. 과도한 성장지속, 자산가격의 거품형성, 특히 부동산 가격의 거품확산, 생산 코스트의 상승, 제조업의 경쟁력 약화, 기업의 과도한 투자와 자금부족, 은행의 자산부실화, 그리고 부동산가격 폭락, 모든 가격변수들의 거품붕괴, 해외자본 유출과 외환 및 금융위기의 수순이다.

지금 중국은 어떤 단계인가?

최근 주요 기관들이 중국 경제성장률을 일제히 하향 조정하는 가운데 일부에서는 새해 경착륙의 우려마저 재기하고 있지만 과연 그럴까? 중국은 아직은 투입할 요소가 많이 남아 있고 기술혁신의 여력도 높다. 또한 주식회사 중국은 부채 레버리지가 낮아 성장에 당장 브레이크가 걸리기에는 아직 이른 시기다. 중국정부의 역할은 서방이 생각하는 것보다 훨씬 강력하고 시장 주도적이다.

중국경제의 현 상황을 한 마디로 표현하면 아직 쓸 카드가 많이 남아 있다는 것이다. 이는 중국을 자체산업의 고도화와 소비의 구조적 확대라는 넓은 시야로 바라볼지, 아니면 단순히 낮은 부가가치 산업을 중심으로 한 경기순환적이고 선진국에 종속적이며 내부모순이 더 많은 국가로 치부해 볼 지의 문제이기도 하다. 중국을 세계수요를 선도해 창출하는 국가로 볼지, 아니면 세계수요를 겨우겨우 뒤쫓아 가는 수요 추종형 국가로 볼 지도 중요하다. 이상하고 신비로운 신흥국 경제, 중국에 대해 더욱 분별력이 요구되고 방향성을 재확인해야만 될 시점이 바로 지금이라고 본다.

지역별 혹은 미시적으로 부동산가격이 꺼지고 고정투자 증가율이 떨어진다고 해서 이를 중국경제의 거시적인 한계로 볼 수 있을까? 우리는 일부 도시의 부동산가격 하락, 신용경색, 일부 사금융의 위험 등을 중국경제 전체로 확대 해석하는 것은 무리라고 본다. 가령 중국 지방개발공사 대출의 대부분이 국가주도사업을 수행하는 정부개발은행(CDB)을 통해 집행되고 있는 바 지방재정위험을 확대 해석하는 것은 지나친 비관론이다. 중앙정부도 지방정부의 지방채 발행을 다시 허용해 줌으로써 지방정부가 스스로 재정 취약도에서 벗어나 중앙정부의 정책사업을 감당할 수 있도록 정책변화를 보인 바 있다. 지방정부 부채를 포함하더라도 GDP대비 정부부채비율은 아직 45% 미만 수준이다. 더욱이 중국의 전체 대외순부채/GDP비율이 90년대 18%보다 낮은 9% 내외로서 최근 중국의 채무위기 및 경착륙 우려는 다소 과장되었다는 판단이다.

선진국의 저성장은 중국 인플레이션에 도움

더욱이 '선진국 경기의 적절한 고전은 역설적으로 중국경기를 더욱 강하고 오랫동안 고성장을 가능하도록 만드는 요인이 된다'.

언뜻 들으면 모순적인 얘기 같지만 아주 틀린 말은 아니다. 향후 상당기간 선진국 경제성장률은 이전 수년 동안의 성장률에 비해서는 전반적으로 낮아질 것이다. 재정지출의 여력이 제한되어 있고 통화정책의 여유도 없거니와 정부와 가계가 함께 허리띠를 졸라매고 부채조정(deleveraging)을 계속해 나가야 하기 때문이다. 이러한 선진국의 적절한 저성장 기조는 중국 등 신흥국의 인플레이션에 브레이크를 걸어 줌으로써 신흥국의 성장 사이클을 안정화시키는 작용을 해줄 것이다.

한편 중국경제에서 통화긴축은 반드시 성장률 둔화로 직결되는 것은 아니다. 더욱이 동북연안 지역의 자동차판매증가율, 주택판매증가율, 은행 대출증가율, 통화증가율 등은 이미 안정세를 나타내고 있어 물가가 안정되는 2012년 중 중국정부의 긴축강도는 크게 후퇴할 것으로 보인다. 소비자물가의 상당부분을 차지하는 식품가격이 안정되는 2011년 4/4분기부터는 인플레 압력이 크게 둔화되고 있는데 2012년에는 추가적인 물가안정으로 통화긴축 압력이 상당부분 더 완화될 것으로 보인다.

2012년 중국경제를 멈춰 세울 정도로 심각한 글로벌 하이퍼 인플레이션의 가능성은 사실상 희박해졌다. 중국의 물가수위가 낮아지기 시작하면서 금융정책에 좀더 여유가 확대되고 있는 만큼 2012년은 세계수요의 진정한 견인차로서 중국의 역할이 더욱 주목 받을만한 시기다.

2012년 국내외 금융 및 주식시장을 결정할 4가지 변수와 전망

신흥국의 세계경기 지지요인	세계경기가 완전침체로 가지 않을 이유 (신흥국 주도의 글로벌경기 안정요인)
1. 신흥국의 위상변화	• 최근 3년간 세계경제성장 기여도 : 신흥국 75%, 중국 52% • 중국의 세계GDP 기여도 10% (구매력기준으로는 20%) ※ 한국의 2001년 대비 2010년 수출비중 변화 (신흥국 50%–>75%, 미국 20%–>10%)
2. 신흥국의 경제체질 변화	• 수출중심에서 내수중심 (도시화, 재정투자, 세계자본유입 등) • 신흥국의 범위확장과 상호보완성
3. 글로벌 생산요소의 원활한 이동	• 선진국에 대한 중국 등 신흥국의 지원(국채매입)예상 • 역내 및 역외 노동력과 자본이동 (특히 유휴 과잉 자본의 이동)

세계경제의 축 신흥국 이전도 호재

중국경제는 향후 상당 기간 선진국의 제한된 경기순환 속에 상대적으로 강한 성장을 구가할 가능성이 높다. 전세계 자원과 자본은 보다 높은 기대수익을 쫓아 성숙된 선진국에서 아직 성숙되지 않은 신흥국으로 이동할 것이다. 그리고 이러한 자원배분은 양대 진영의 성장을 더욱 차별화시키고 양극화시킬 것이다. 선진국이 점차 비선진국이 되어 가고 신흥국이 점점 선진국이 되어 가는 이치는 세계경제의 피할 수 없는 패러다임의 변화라고 본다. 그 과정에서 구간별로는 양대 진영의 경기가 모두 좋을 때도 있고 모두 나쁠 때도 있을 것이다. 2009년에는 모두 나빴고 2010년에는 모두 좋았다. 2011년에는 양진영의 성장률이 모두 전년에 비해 둔화되었지만 선진국은 많이 둔화되었고 신흥국은 상대적으로 약간만 둔화되었다. 하지만 이런 과정을 폭 넓게 연결하고 종합해 보면 선진국은 확실히 체력이 점차 약해지고 있고 반면, 신흥국은 어려운 세계경제 환경 속에서도 비교적 안정된 성장을 구현하며 국부를 쌓아가고 있다.

2008년 이후 선진국의 경제위기로 인한 중국의 수출 둔화세는 매우 제한적이었다. 자체적인 성장엔진에 의해 중국경제가 활발히 돌아가고 있다는 증거다. 세계전체의 수요둔화 속도보다 중국의 내수 증가속도가 더디면 중국경제는 그만큼 뒤로 후퇴하게 된다. 대신 세계수요가 회복되는 상황에서는 중국의 경제성장은 예전보다 훨씬 탄력적인 모습을 보일 것이다. 인플레이션만 어느 정도 억제되면 말이다. 적어도 2012년에는 중국의 내수소비, 내수투자의 증가분이 세계수요의 추가 둔화 폭을 커버할 것으로 보인다.

유럽사태와 미국의 경기위축 등 선진국 경기둔화가 중국경제에 미치는 영향은 실제로 우려했던 것보다는 심각하지 않았다. 2009년을 보라. 선진국 경기의 몰락과 일시적인 실물수요의 위축, 금융거래의 단절, 자원가격의 대폭락 이후에 중국경제는 다시 강하게 일어나는 것을 확인할 수 있다. 젊은 경제와 노쇠한 경제의 체질 차이에서 비롯된 결과다. 선진국경제가 계속 침체의 늪으로 빠진다면 제아무리 중국이라도 성장둔화는 불가피하다. 하지만 2012년 선진국경제 자체가 2011년에 비해 추가로 둔화되는 정도가 크지 않다면 중국은 그저 가던 길을 계속 갈 것으로 보인다.

산업·소비 고도화시대로 진입

우리가 생각하는 향후 중국경제의 모습은 전국의 동시적인 고도성장이 아니라 지역간 절묘한

교차성장 발전이다. 2015년까지 중국정부가 추진하는 12차 5개년 계획의 키워드는 강한 중국, 잘 사는 중국의 건설이다. 그리고 그 구체적인 수단은 도시와 농촌의 균형발전, 도시화, 내륙개발, 첨단산업 육성 등이다. 최근 3년간 동북연안 대도시들의 성장률은 평균 10% 내외였으나 이들 지역의 성장세는 앞으로 이보다 둔화될 것이다. 반면 내륙의 거점도시들과 새롭게 지정되는 신구지역의 도시들은 앞으로 10년간 연 10~15% 내외의 성장이 가능할 전망이다. 이미 내륙과 동북연안 성(省)들의 고정투자증가율은 큰 격차를 보이고 있다. 2000~2005년과 2006~2009년의 투자증가율 갭을 보면 내륙지역은 13~17% 포인트에 달하는 반면 동북연간 지역은 마이너스에서 소폭 플러스 퍼센트 포인트를 보이고 있다. 이미 중국경제 성장의 주력 포인트가 바뀌어 가고 있다는 뜻이다. 부동산 투자와 설비투자, 도시화(주변인구의 도시유입), 첨단산업에 대한 국가차원의 전략적 육성 등이 바로 중국 내 저개발 지역(내륙도시들)의 핵심적인 성장동력이다. 상해 푸동신구(1990년 지정)와 천진 빈해신구(2006년 지정)에 이어 새롭게 신구(경제발전 특구지역)로 지정된 곳은 내륙지역인 중경 양강(2010년 5월 지정)과 서안(2011년 6월지정)지구이다. 이들 지역을 중심으로 한 내륙개발 프로젝트의 성공여부가 향후 중국경제의 지속적인 성장여부를 판단하는 관전 포인트임에 틀림 없다.

한편 중국은 5년 만에 2012년 10월 전국대표회의를 통해 새로운 지도부가 결정될것이며 2013년 5월 전인대를 통해 새 행정부가 정식 취임될 예정이다. 이번 중국 지

중국의 12차 5개년 계획에 담긴 그림 : 소비고도화와 산업고도화

〈 중국정부의 정책목표 〉	〈 향후 5년간 예상되는 현상 〉
• 도시화율 47.5%→ 51.5% • 최저임금 연평균 13% 이상 인상 • GDP단위당 탄소배출 17% 감축 • 첨단산업/GDP 비중 : 09년 2%→15년 8%→ 20년 15%	• 굴뚝산업과 첨단산업의 공존 • 동부 연안도시의 소비고도화와 • 중서부 내륙 투자중심의 경기공존 • 서구식 라이프스타일, 신용시장의 급성장, 금융시스템 정비 및 발달 • 새로운 경제권(도시)의 부상

도부의 교체는 상당한 의미를 지니고 있다. 중국경제가 고도성장기, 양적 성장기, 동북연안 일변도의 1차 고도성장기를 마무리하고 이제는 질적 성장기로 넘어가는 과정에서의 지도부 교체이기 때문이다. 중국은 지금 한 단계 더 질 높은 경제도약을 구상하고 지향하고 있다. 또한 거대한 인구, 광활한 국토의 지속적이고 안정된 국가경영을 위해 내륙중심의 성장동력에 박차

를 가함으로써 주변국가들에게 더욱 광범위한 대중국 교역의 기회를 제공해주고 있다. 중국은 2012년 한 해 도시와 농촌간의 소득격차 축소, 그리고 부가가치가 높은 신성장 동력을 경기에 단단히 장착하는 작업에 더 몰두할 것이다. 그 과정에서 점점 더 윤곽이 뚜렷해지는 것은 그들의 산업고도화와 소비고도화이다. 주변국들에게 또 다른 장기 먹거리의 기회이자 동시에 위협요인이다. 그것을 기회로 살릴지 위험요인이 될지는 기업들의 몫이다.

구매력환산 전세계 GDP비중 추이 및 전망 (AD 1~2030년)

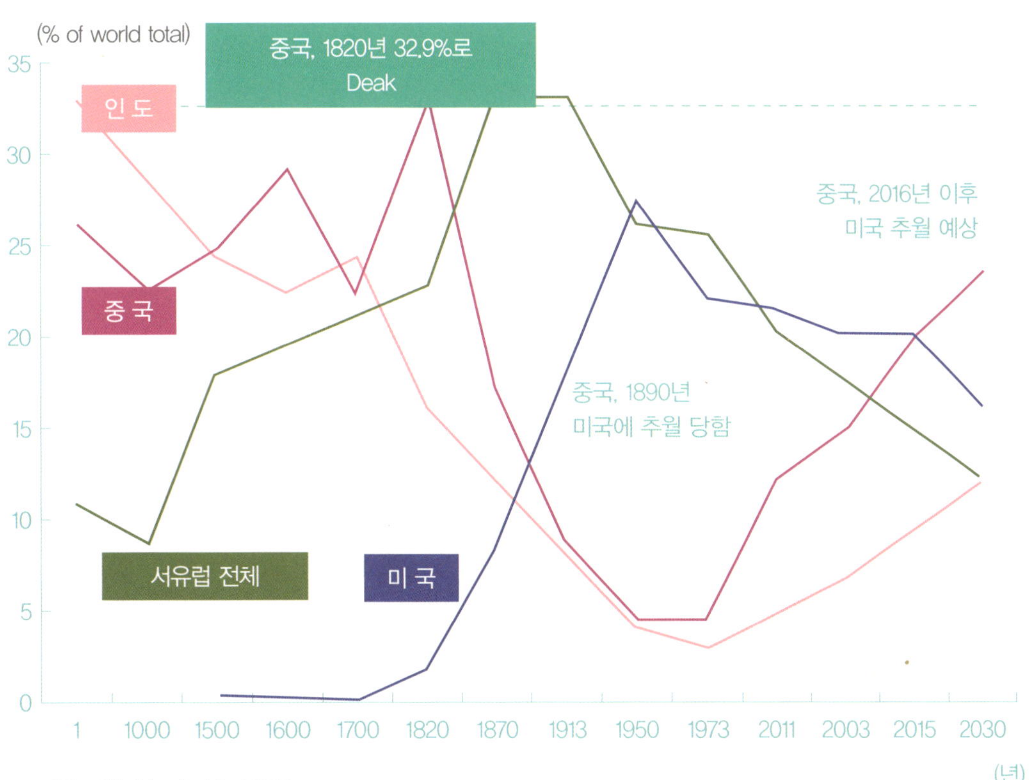

자료 : 앵거스 매디슨, 2007

내수위주 성장정책 확대

지난 수년간 선진국 경제가 위기에 맞서 싸우고 있을 때 중국의 정책방향은 내수확대였다. 더 이상 선진국만 바라보고 있을 수는 없기 때문이다. 일반적으로 내수는 정부지출, 투자, 소비를 총칭하는데 중국이 주력하고 있는 것은 이중에서도 소비이다. 그 동안 중국은 정부주도의 성장정책에서, 경제개방 이후에는 투자가 경제성장을 이끌어 왔다. 이제는 소비가 성장의 동력이 되어야 한다는 것이 중국이 원하는 정책 방향이다.

이미 중국 정부는 소비를 늘리기 위한 다양한 정책을 구사해왔다. 이구환신, 가전하향, 자동차 하향과 같은 다양한 지원정책이 대표적이다. 또한 최저임금 인상과 농촌지역 보조금 지급 등 소득수준을 높이기 위한 정책 역시 소비를 늘리기 위한 정책이었다. 여기에 더해서 중국 정

중국, 높아진 소비의 성장기여도. 성장의 절반은 소비에서부터

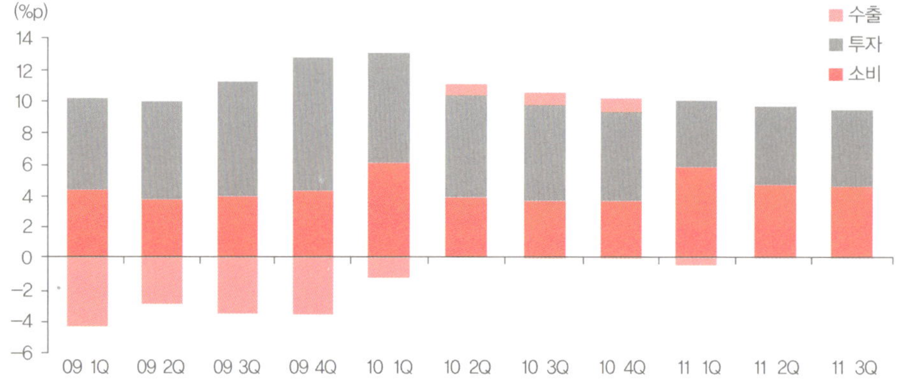

자료 : CEIC

부는 국내무역 활성화를 위한 12차 5개년 계획을 발표했다. 이는 중국의 소비총액을 2010년에 비해 2015년에는 두배로 늘리겠다는 것이 핵심적인 내용이다.

중국 정부가 이처럼 내수확대에 주력하는 것은 너무 큰 중국의 덩치 때문이다. 한국, 대만, 싱가포르와 같은 소규모 경제는 수출이 경제성장을 지속적으로 이끄는 동력이 될 수 있지만, 중국처럼 경제규모가 큰 국가는 수출을 통한 성장은 한계가 있다. 해마나 수출이 두배씩 늘어난다손 치더라도 이에 따른 경제전체의 성장효과는 크지 않을뿐더러 그 자체가 어렵기 때문이다. 2011년에 중국 GDP규모는 7조달러에 육박할 것으로 추정된다. 이는 중국 경제가 수출을 통해 1%p 더 성장하기 위해서는 700억 달러의 무역수지 흑자가 더 필요(현수준의 1.5배)함을 의미한다.

자동차 내수시장은 2010년부터 세계 1위

다른 한편으로 소비시장의 확대는 중국 인민들의 삶의 질적 향상과도 연결되어 있다. 10여년 전만 하여도 선풍기조차 전체 가구에 보급되지 않았지만 이젠 에어컨이 일반화 되어가고 있다. 휴대전화기와 평판TV 등 중국 소비자들은 빠르게 고효율의 소비재에 익숙해지고 있는 것이다. 이제 중국은 세계최대의 소비재 시장으로 부상하고 있다. 미국이 경제위기를 겪는 동안 세

중국 도시가계의 100가구당 주요 내구재 보급의 변화

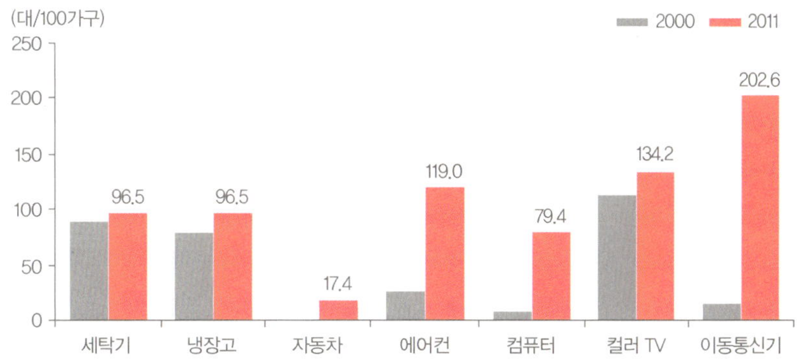

자료 : CEIC

계 자동차 판매 1위는 미국이 아닌 중국으로 넘어가기도 했다.

소비시장 확대는 경제의 지속 성장에 매우 중요한 요소이다. 미국 등 선진국들이 장기 성장을 이어가는 과정에서 소비의 지속적인 성장이 주된 동력이었던 것은 말할 것도 없다. 경제가 수출에 대한 의존도가 높을수록 대외경기 변화에 더 민감해질 수 밖에 없으며, 경기 변동폭이 그만큼 크다. 한국 경제가 지난 수십년간 경험한 바에서 이는 잘 알 수 있다. 반면 내수에 기반한 성장을 하는 경우 경제 안정성은 더 높다. 중국이 세계금융 불안이 반복되는 과정에서도 다른 국가와 달리 고성장을 지속할 수 있었던 것도 수출보다는 내수가 성장을 주도해왔기 때문이다. 2009년 미국 금융위기 여파로 세계경제는 2.3%가 후퇴했지만 중국 경제는 9.2%의 높은 성장률을 달성했다.

만약 두 나라가 평균 성장률이 5%로 동일하다 하여도, 해마다 꾸준히 5%내외 성장을 하는 국가와 10%성장과 0%성장이 반복되는 과정을 겪었다 하자. 이 경우 과거의 실적에 있어 두나라의 성과는 거의 차이가 없지만 미래 성장의 잠재력은 크게 다를 것이다. 경기변동이 컸던 나라는 그만큼 불확실성이 크다는 인식이 자리를 잡으면서 더 작게 투자하고, 소비하려 할 것이기 때문이다. 결국 얼마나 안정적인 성장기반을 갖추는지는 성장 잠재력에도 영향을 미칠 수 밖에 없는데 현재 중국의 내수중심 성장 정책은 이러한 기반을 갖추겠다는 의도라 할 수 있다.

중국, 도시 농촌간 소득증가율과 상대 비율

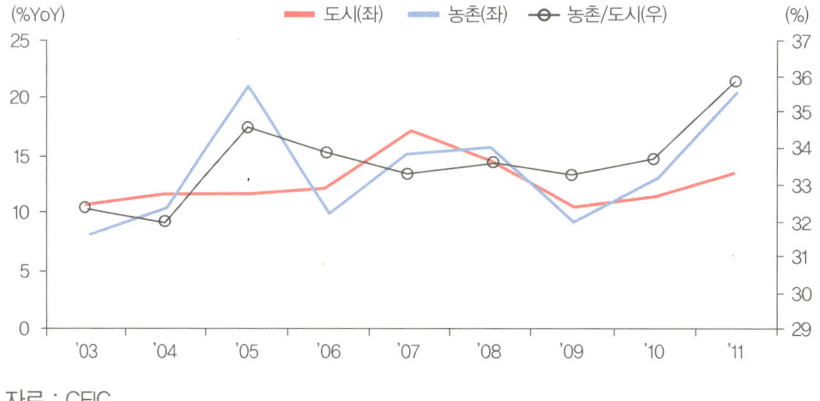

자료 : CEIC

향후 중국의 소비중심 성장이 유망한 이유는 1) 정부의 적극적인 소비부양적 정책기조, 2) 높은 가계소득 증가율와 소득수준 증가, 3) 높아지는 소비성향, 4) 도시-농촌간 소득격차 해소 등 소비가능 인구의 확산 을 들 수 있다.

중국 정부의 대표적인 소비부양 정책은 12차 5개년 계획에 따른 소비확대 정책이다. 구체적인 계획에는 도소매 및 서비스업 육성과 일자리 창출, 그리고 가전 및 자동차, 건자재 소비의 농촌지역 활성화, 중, 고급 상품의 소비확대, 온라인 쇼핑 활성화 등의 내용이 포함될 것으로 예상이고, 2012년에는 정책 집행속도가 빨라질 예상이다. 이의 실행을 위해서 중국 정부가 많이 사용해온 세제혜택과 보조금 지급 이외에도 지방 정부별 목표 설정 등의 수단이 동원될 것이다. 중국은 그 어떤 나라보다 정책의 집행력이 높다는 점에서 이러한 대책의 효과에 대한 기대는 높다.

한편 정부가 강도 높은 소비 부양정책을 하기 위해서는 물가안정이 선행되어야 한다. 그간 높은 물가는 중국 통화정책을 긴축으로 묶어 놓았다. 유동성 여건 완화 없이 행정적인 정책에 의한 소비증대 효과는 제약적일 수 있다. 그런데 중국의 물가상승률 안정에 대한 기대가 점차 높아지면서 통화완화 정책과 신규대출 규제완화 등이 예상되고 있어 중국의 소비증가에 기여할 수 있을 것이다.

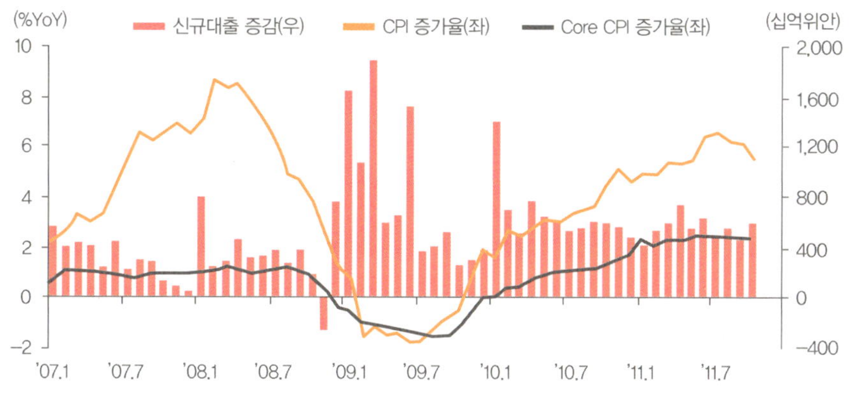

중국, 물가상승률 완화로 부양적인 정책으로 선회 가능성이 높아짐

자료 : CEIC

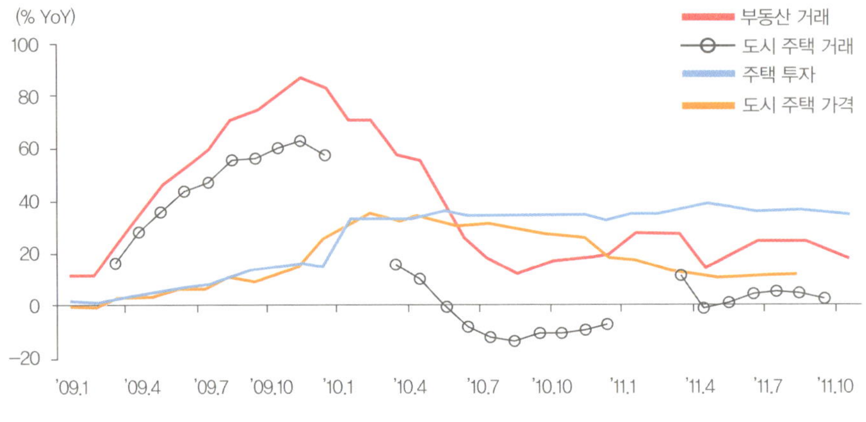

부동산 경기 경착륙 가능성은 낮지만 상존

중국 정부는 이미 2011년 9월부터 중저소득층에 대한 세제혜택을 확대하는 소득세 인하정책을 시행한바 있다. 여기에 농촌지역의 소득을 더 강화하고, 농촌지역에서 소비에 대한 보조금 정책을 연장, 혹은 확대할 가능성이 높다. 이미 이구환신, 가전 및 자동차 하향 정책을 통해 이런 정책을 선보인바 있는데, 농촌지역 소비확대를 위해 이런 정책의 강화 가능성이 높다.

중국의 소비확장에 제동을 걸 수 있는 불안요인으로는 부동산 경기의 경착륙 가능성이 가장 많이 제기되고 있다. 부동산 경기악화에 따른 부실이 가계와 지방정부의 부실로 이어지면서 중국 경제를 경착륙으로 이끌 수 있다는 것이 우려의 이유이다.

중국 부동산관련 통계에 의해 판단해보면 주택가격은 하향안정화가 진행되며 10%대 초반 정도로 상승률이 둔화되어 있으며, 주택 및 부동산 거래도 둔화되고 있어 주택가격은 하향 안정화가 더 진행될 예상이다. 여기에 정부가 신규대출 규제 등 유동성 긴축조치를 완화시키면서 주택경기도 연착륙을 유도할 것으로 예상되는 만큼 현 상황에서 중국 부동산 경기가 경착륙할 가능성은 높지 않아 보인다.

4 | 유럽 경제 전망

- ▶ 국가채무위기 극복하는 과정에서 저성장 불가피
- ▶ '경기의 위기' 해결은 힘들듯
- ▶ '양적 확대'로 위기 돌파

유로지역은 최근 3년 동안 국가채무위기를 겪고 있다. 그러나 그간 정책적 대응이 시장의 기대에 미치지 못했고, 2011년에는 그리스가 사실상 국가부도 사태에 이를 정도로 악화되었다. 2011년 4분기부터 위기 극복을 위한 여러 가지 대책이 나오고 있지만, 최종 종착점인 재정통합까지 가기에는 험난한 길이 많다.

유로지역 국가채무위기 발생원인

유로지역이 왜 국가채무위기를 겪고 있는가? 원인을 알아야 답을 찾을 수 있는 것이다. 유로지역의 위기 원인을 찾아보면 다음과 같다.

첫째, 단일 환율 적용으로 역내 국가간 불균형이 심화되었다. 국가 경쟁력에 큰 차이가 있는 독일과 그리스가 어떻게 같은 환율 아래서 생존할 수 있겠는가? 우리나라가 1997년 'IMF' 경제위기를 겪는 동안 우리 원화가치가 폭락했다. 그래서 우리 주식 등 자산가치가 크게 하락했고, 외국인들이 우리 자산을 싼 값에 사들였다. 또한 환율이 상승하자 우리나라 자동차, 전자제품 등의 가격 경쟁력이 생겼고, 우리는 수출을 늘려 달러를 벌어들일 수 있었다. 만약 그리스가 독립적인 통화를 가졌다면 그 돈 가치가 폭락했을 것이다. 그리스는 환율이 갖는 조기경보뿐만 아니라 치유 기능도 상실한 것이다.

둘째, 재정동맹의 부재가 위기의 원인이다. 유로지역 내에서 단일 통화정책이 시행되었다. 그러나 재정정책은 개별 국가 사정을 고려해서 독립적으로 운용되었다. 경기가 나빠지면 금리를 인하하는 등 통화정책을 신축적으로 운용해야 하는데, 그럴 수가 없었던 것이다. 그래서 그리스

등이 재정정책을 팽창적으로 운용했다. 그 결과가 주변국의 재정 상황 악화로 나타난 것이다. 미국의 경우 캘리포니아가 어려움에 처했을 때 연방정부가 지원했다. 그러나 정치적 리스크로 인해 유로지역은 다른 회원국을 지원하기 어렵게 돼있다.

셋째, 회원국에 대한 관용적 태도도 경제위기를 키웠다. 유로지역은 유로화라는 통화가치 안정을 위해 '안정 및 성장에 관한 협약(Stability and Growth Pact)을 맺었다. 재정적자가 GDP의 3%를 넘지 못하도록 한 것도 이 협약에 들어 있다. 그러나 가입국의 대부분이 이를 위반했는데도, 마땅한 감시 및 제재 조치가 없었다.

넷째. 유로지역은 전염효과에 취약했다. 이 지역은 특성상 회원국간 자본거래 및 교역의 연관성이 매우 높다. 역내 교역비중이 2010년에 50% 정도이다. 이렇다 보니 한 회원국의 위기가 다른 회원국에 큰 영향을 주고 있는 것이다.

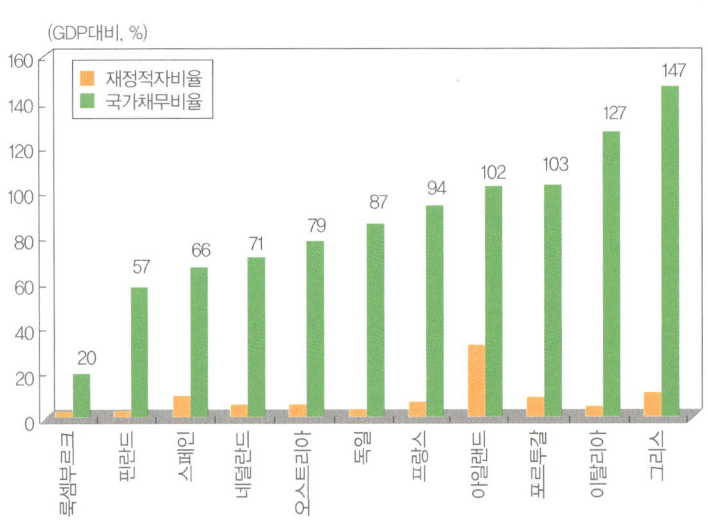

〈그림〉 유로지역 주요 회원국의 GDP대비 재정적자 및 국가채무비율(2010년)

자료 : OECD

마지막으로 개별 회원국의 구조적 문제도 누적되었다. 예를 들면 그리스는 지하경제 비중 (GDP의 25%)이 높고, 산업구조가 경기변동에 민감한 서비스(76%) 구조로 돼있다. 여기다가 그리스 정부의 과다한 사회보장 지출과 비효율적 공공부문도 위기 요인이 되었다.

시장의 기대에 미치지 못하는 정책 대응

유로지역은 국가채무위기를 극복하기 위해 2011년 10월과 11월 사이에 주로 다음과 같은 세가지 대책을 내놓았으나, 위기를 극복하는 데는 미흡한 것으로 받아들여지고 있다.

첫째, 그리스 국채에 대한 헤어컷(haircut)이다. 그리스 국채를 보유하고 있는 민간 금융기관의 손실상각률을 2011년 7월 협약의 21%에서 50%로 상향했다. 이로 인해 그리스의 재정 부담은 상당 부분 줄었다. 그러나 채권자 입장에서 보면 그리스 국채에 대한 신뢰가 그만큼 상실된 것이다. 은행이 그리스 국채를 더 이상 사주지 않는다면, 그리스는 자생적으로 자금 조달을 할 수 없게 된다. 또한 다음 타자인 포르투갈 등에서도 이런 사례가 적용될 것으로 예상하고, 투자자들은 포르투갈의 국채를 미리 팔거나 더 이상 구입하지 않을 것이다. 여기다가 은행들은 그리스 채권에서 손해난 만큼 자본을 확충해야 한다.

둘째, 은행의 자본확충 문제에도 가이드 라인을 제시했다. 2012년 6월까지 은행들은 핵심자본 비율을 7%에서 9%로 올려야 한다. 여기에 필요한 자금이 1000~1100억 유로로 추정된다. 문제는 은행 스스로가 이 자본을 조달할 수 있을 것인가에 있다. 은행이 자구 노력으로 자산 매각을 할 경우, 디레버리징 효과가 발생해 경제에 부정적 영향을 줄 수 있다. 또한 그리스 문제가 포르투갈 나아가서는 이탈리아까지 확산될 경우 은행의 부실이 더 커질 것이다. 1000억 유로가 은행의 자본 확충에 충분한 금액이 아니라는 것이다.

셋째, 유럽재정안정기금(EFSF) 규모를 확대하기로 했다. 유로지역의 국가채무위기가 더 이상 확산되는 것을 막기 위해 ESFS를 기존 4400억 유로에서 1조 유로로 늘리기로 했다. 그러나 이 자금을 어떻게 활용할 것인지에 대해서는 아직도 결정하지 못했다. 또한 이 기금에 중국 및 IMF의 참여를 유도하고 있으나, 중국은 서둘지 않고 있다. 여기다가 1조 유로가 위기의 확산을 막는데 충분한 것인지 시장이 확신하지 못하고 있다. 또한 독일은 유로중앙은행(ECB) 자금을 활용하는 방안에 반대하고 있으며, 이에 따라 EFSF의 레버리지 효과가 제한될 수밖에 없다.

재정통합이 근본적 해결책이나 쉽지 않을 전망

이와 같은 정책적 노력이 어느 정도 유로지역이 국가채무위기를 극복하는데 도움을 줄 것임에는 틀림없다. 그러나 유로지역의 재정 상황이 개선되어야 비로서 이들이 위기를 극복했다고 말할 수 있는데, 터널의 끝은 아직 보이지 않는다.

재정 적자를 줄이는 방법은 두 가지이다. 재정 지출을 과감히 줄이거나 경제가 회복돼 세수가 증가하는 것이다. 현 상황에서는 두 가지 다 녹록지 않다. 재정지출을 줄이려 하니 그리스처럼 국민의 저항이 심하다. 경제가 성장해야 세수가 늘 텐데, 경제는 여전히 마이너스 성장을 하고 있다. 가계가 소비를 늘리지 않고 기업이 투자를 하지 않은 상황에서 재정지출의 축소는 경기 침체를 심화시켜 악순환을 초래하고 있다. 그리스 같은 나라의 재정 상황이 쉽게 개선될 가능성이 낮다는 것이다.

결국 유로지역은 재정 통합을 모색할 것이다. 그 방향은 '재정집중화→ 독립적 단일 재정기구 설립→ 새로운 조약체결→ 재정동맹 체결' 등의 순서로 갈 가능성이 높다. 그러나 각 단계마다 넘어야 할 험난한 장벽이 존재할 것이다.

한 예를 들면 정치가의 결단이다. 독일 국민 입장에서는 열심히 일해 돈을 모아났는데, 그 돈을 그리스 같은 게으른 국민에게 주기 싫을 것이다. 2012년 선거를 앞두고 어떤 정치인들이 재정통합을 쉽게 들고 나올 수 있겠는가?

앞으로 유로지역은 재정통합이라는 근본적 답은 피해가면서, 최근과 같은 '현상유지'를 위한 정책만 내놓을 가능성이 높다. 그렇게 버티면 몇 년 후에는 정부 재정이 흑자로 전환되고 은행도 건전해질 것을 기대하는데, 그것은 오산일 수 있다. 최악의 경우 2~3년 후에 독일 혹은 그리스가 유로연합을 탈퇴할 가능성도 배제할 수 없다.

유로 국가채무위기가 리먼 사태처럼 큰 충격을 주지 않을 전망

앞서 살펴본 것처럼 유로지역의 국가채무위기가 쉽게 극복될 가능성은 낮다. 그렇다고 EU체제 붕괴라는 최악의 상황만 아니라면, 2008년 리먼브라더스 파산 충격보다는 그 영향이 작을 것이다. 그 이유는 우선 경제주체들이 어느 정도 예측하고 대응하고 있기 때문이다. 다음으로 누가 유로지역 회원국의 부실 채권을 얼마나 가지고 있는지 이미 알려져 있다는 사실이다. 리먼 파산 때는 각종 파생 상품 규모가 얼마인지 누가 가지고 있는지 알 수 없었기 때문에 그 파장이 컸다. 마지막으로 2008~9년 각 경제주체들이 금융위기에 대처하면서 경험을 쌓았다. 이 세상에 경험만큼 중요한 것은 없다.

〈표〉 유로지역의 주요 거시지표 전망 (단위 %)

	2011					2012					2013
	1/4	2/4	3/4	4/4	연간	1/4	2/4	3/4	4/4	연간	연간
GDP성장률	2.4	1.7	1.4	0.9	1.6	−0.1	−0.1	−0.1	0.2	0.0	1.1
경상수지/경상GDP	–	–	–	–	−0.6	–	–	–	–	−0.4	−0.2
소비자물가	2.5	2.7	2.7	2.8	2.7	2.3	2.0	1.9	1.8	2.0	1.8
실업률	10.0	10.0	10.1	10.3	10.1	10.4	10.4	10.5	10.4	10.5	10.6
기준금리(말)	1.00	1.25	1.50	1.00	1.00	0.75	0.75	0.75	0.75	0.75	–
달러/유로	1.42	1.45	1.34	1.35	1.35	1.30	1.28	1.28	1.30	1.30	–

자료 : Bloomberg(2011. 12)

'경기의 위기' 해결은 힘들듯

'이탈리아는 결국 국가부도 상태에 이르고 유로화 체제는 붕괴될 것이다" 이에 대한 대답은 '아니요'이다.

이탈리아는 일시 구제금융을 받을 수는 있으나 가계와 기업의 부채안정으로 재정위험을 극복할 것이며 다만 저성장 기조 하에 잠재적 재정위험국가로 장기간 계속 남을 것이다. 유럽의 재정위기로 촉발된 금융시장의 위험은 2012년 중반부터 점차 진정될 것이다. 다만 이는 유럽은 물론 전세계 실물경기의 둔화요인으로 계속 남을 가능성이 높다. 유럽의 모든 위기극복은 강대국(독일 프랑스)이 원하는 방식으로 진행될 것이다.

달러를 찍어 낼 수 있는 미국을 제외한 모든 나라는 외환수급이 불안하거나 만기를 맞은 국채가 원활히 차환되지 못할 경우, 즉시 외부의 자금수혈을 받아야 한다. 그러나 모든 국가는 영원히 부도상태에 머물거나 계속 그런 위험에 빠져있을 수 없다. 문제는 유럽의 경우 과거 신흥국들의 경우와는 달리 그것이 일시적이 아니라 만성적일 것이라는 데 있다. 유럽공동체라는 특수성과 위기 당사국들의 뿌리 깊은 경제모순 때문에 그 해결과정이 과거 그 어느 나라 사례보다 어렵다는 것이다.

경기위험 확대 가능성 높아져

유럽재정위기는 역내 많은 국가들의 장기간 누적된 불건전한 재정에서 비롯된 문제다. 또 그 재정부실은 인구고령화와 과도한 복지시스템, 이를 조장한 정치권의 인기영합 포퓰리즘, 장기간 노동생산성을 뛰어 넘은 높은 임금상승률에서 비롯된 바 크다. 이처럼 문제의 뿌리가 깊은 만큼 근본적인 해결도 쉽지 않다. 사실 이는 모든 선진국이 안고 있는 공통적인 과제다. 유럽뿐만 아니라 미국도 같은 질환을 앓고 있다. 선진국 중심의 광범위한 국가부채 문제는 향후 수년, 아니 수십 년간 만성적인 고통의 원인으로 남을 것이고 앞으로도 주기적으로 세계 금융시장을 계속 위협할 것이다. 이번 금융위기를 통해 유럽이 해야 할 보다 중요한 일은 생산요소의 이동이 자유롭지 못하고 재정적으로 통합되지 않은 유럽공동체 국가들이 이 불안정한 시스템을 보완하고 수선하는 일이다. 기초공사가 부실하면 결국 임시 방편적인 이번 둑 막음 공사는 머지 않아 다시 또 문제를 일으키고 더 많은 비용을 필요로 할 것이다.

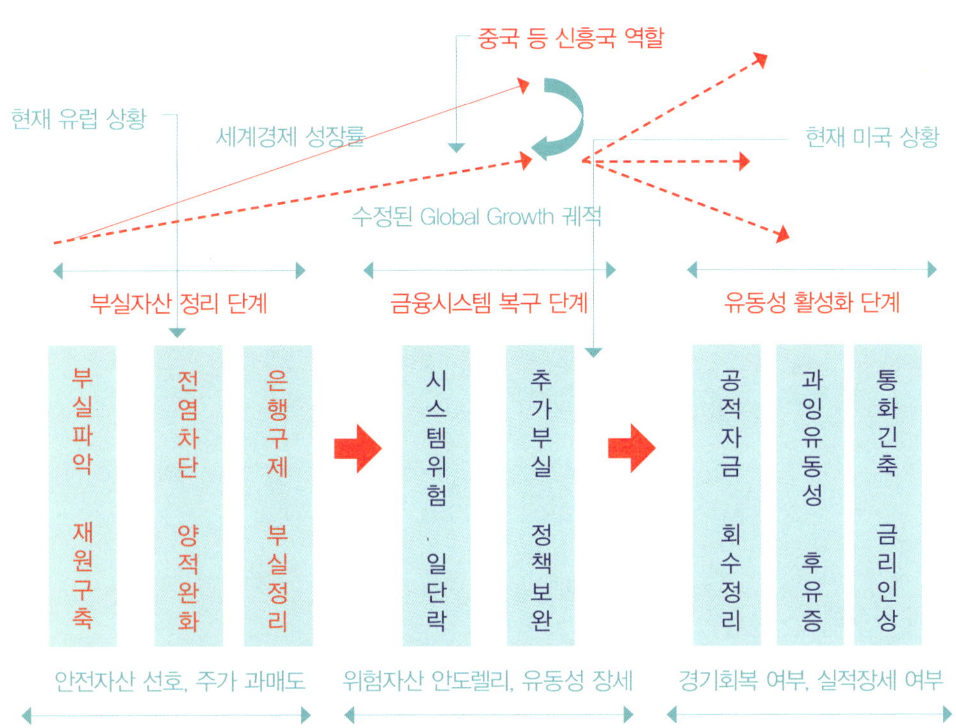

하지만 단기적인 관점에서 유럽은 연초에 이 문제를 반드시 풀고 가야 한다.

2012년 이탈리아 등 유럽 주요채무국들(PIIGS) 국채만기의 40%가 넘는 물량이 2월에서 4월 사이에 집중되어 있기 때문이다. 유럽재정안정기금 확충과 부실은행의 구제와 클린화라는 숙제를 그 이후로 미룰 수는 없다.

특히 이탈리아의 위기는 너무 커서 그냥 방치하거나 슬그머니 얼버무리고 갈 문제도 아니다. 하지만 이탈리아 가계부채는 국내총생산(GDP)의 30% 대로서 그리스와는 사정이 다르다. 이탈리아에게 필요한 것은 그리스와 같은 무제한적인 자금지원과 관리가 아니라 국채금리가 안정되고 정상적인 국채발행 소화가 가능하도록 금융시장을 안정시켜주고 동시에 이탈리아 스스로 재정건전화를 이루도록 채권국들이 압력을 행사하는 일이 필요하다. 즉 시장이 정상적으로 작동되도록 환경을 조성해주는 것이 사태수습의 첫 번째 과제다. 물론 이를 위해서는 이탈리아 국채 롤오버를 위한 일시적인 자본지원이 불가피하고 그 과정에서 부분 디폴트라는 용어가 사용될 수도 있다.

유럽인들에게는 점증주의라는 정서와 문화가 있는 것 같다. 아니 남유럽의 정서와 민족성이 다른 지역과는 확연히 달라서 느긋하고 서두르지 않고 할 일을 코앞에 두고서도 전혀 서두르지 않는 성향을 그렇게 점잖게 표현해 주고 있는지도 모른다. 하지만 사실상 EU통합과 유로화의 단일통화 채택도 거의 한 세기에 걸쳐 완성된 제도다. 그 안에 유럽인들의 철학과 역사가 스며 있는 것은 분명하다. 일각에서 말하는 유로체제의 단기간 내 해체 시나리오는 역사적 관점이나 법률적으로나 당장은 설득력이 없어 보인다. 또 당면한 유럽 재정위기는 유럽인들로 하여금 더 이상 느긋한 점증주의를 용납할 수 없게 만들 것이다. 우선 역내국가의 국채금리, 부실채권 가격, CDS 프리미엄, 유로화의 가치, 주가 등 모든 시장지표들이 정책 당국자들을 계속 위협하고 있고 앞으로도 가차없이 위협할 것이기 때문이다. 또한 금융시장은 그 메커니즘의 특성상 위기의 상승, 누적, 전염이라는 강한 독성을 갖고 있다.

이탈리아 위기해소가 포인트

채권국이든 채무국이든 이 점은 그간 학습효과를 통해 지금 너무나 잘 알고 있다. 아마 조금만 (재정위기 수습과 은행구제) 진도가 늦어지고 필요한 합의가 지연되기라도 하면 시장은 그 몇 배로 과민한 반응을 보일 것이다. 이는 시장이 잘 못되어서가 아니라 일종의 경고음적 성격으로 오히려 구조조정에는 긍정적이다.

위기의 역설이다. 최종 위기수습 전까지 시장의 진통은 몇 차례 불가피할 것이다. 다만 그 기간이 길지는 않을 것이다. 왜냐하면 시장이 그것을 용납하지 않을 것이기 때문이다. 지금 위기의 스폰지는 여전히 흡수력이 강하고 전염성이 매우 독하다.

국민들 또한 시장의 공포가 다시 불거지면 자국의 여론을 모아 진지하게 합의점을 찾고 자국 이기주의나 집단 이기주의에서 한 발짝 양보할 수 있게 된다. 미국의 위기수습과 기업 구조조정도 결국 따지고 보면 시장의 힘이 컸다. 채권자 입장에서 결국 선택해야 할 일은 완전 쓰레기를 떠안고 무너지느냐 아니면 그 속에서 정책당국의 도움을 받아 한 푼이라고 건지느냐 둘 중의 하나다. 주식시장과 부실채권 시장이 최악의 상황을 딛고 돌아서는 것도 결국엔 새로 돈을 태울 사람들이 널려진 부실자산의 매력을 얼마로 보느냐의 문제와 무관하지 않다. 유럽의 위기지표들이 여기서 더 나빠지면 그간 계산기를 두드리던 중국이 들어 올 가능성이 그 만큼 높아진다.

국가신용 문제란 일반적으로 자력으로 차환이 안 되는 국채의 매입과 채권은행의 구제 및 신용보강, 그리고 채무국의 재정건전화 작업 등 3가지로 나뉘어 수습된다. 여기에 위기 수습과정에서 발생하는 위험전염 비용의 상승과 공공부채가 민간부채 문제로 확산 전이되면서 발생하는 비용을 최소화해야 하고 위기수습의 시간을 단축해 추가비용의 가중을 막는 등 결코 간단한 작업은 아니다.

하지만 위기 국가를 둘러싼 강대국들은 늘 자국의 국익에 도움이 되는 방향으로 세상을 이끌어 간다. 지금 독일과 프랑스는 말할 것도 없고 미국과 중국 또한 이탈리아로 인한 금융시장 붕괴나 유로체제 붕괴는 원하지 않는 일이다. 더욱이 극단적인 상황을 맞이할 준비도 되어 있지 않고 그것을 감당할 능력도 없다.

그렇다면 강대국들의 의사와는 관계 없이 단지 시장상황에 의해 무질서한 금융시장 붕괴가 일어날 수 있을까? 그렇지 않다. 국가 신용위기는 민간 신용문제와 본질은 같지만 보통 정책합의에 의해 위기의 극점에서 사태가 수습 봉합되는 게 일반적이다. 한 나라의 재정위기는 몇 차례 반복될 수 있지만 정책합의나 국제공조에 의해 국가가 계속 문을 닫지는 않는다. 또 국가의 실체자체가 사라지는 것이 아니므로 제조업 기초체력이 뒷받침된 국가의 위기는 수습도 빨리 이루어진다. 민간부문의 건전성과 제조업의 기초체력이란 관점에서 그리스는 구제금융을 받아도 계속 반복해서 문제를 일으킬 것 같고 경제도 쉽게 살아나기 어려워 보인다. 반면 이탈리아는 연초 구제금융을 받을 확률은 매우 높지만 구제금융의 성격도 일단 2012년 만기국채의 일부 롤오버 지원에 국한될 것이고 이후 유로체제 안에서 계속 관리(care)를 받으며 재정건전화 프로그램을 어느 정도 수행해 갈 가능성이 높아 보인다.

지금의 유럽재정 위기를 수습하는 데 역내 국가들이 감당해야 할 비용은 너무 크다.

이 문제는 2012년 한 해 내내 세계경제와 금융시장을 괴롭힐 것이다. 유로랜드에서 3위의 경제규모를 차지하고 유로존 공공부채의 25%를 떠안고 있는 이탈리아의 재정위험에 채권 채무관계로 유럽 강대국들이 모두 굴비처럼 엮여 있고 위기의 전염과 증폭으로 이 사태가 어디까지 튈지 아무도 모르는 상황이다.

하지만 결론적으로 2012년 초를 고비로 유럽 내 이해당사국들 간의 이견은 일단 상당히 좁혀질 것으로 보인다. 독일과 프랑스의 서로 다른 이해관계, 유럽중앙은행과(ECB)와 채권국(EFSF) 간의 서로 다른 입장차이, 채권국과 채무국의 상충된 입장, 특히 그리스와 나머지 역내국가들 간의 서로 다른 이해관계의 조정이 바로 그것이다. 금융시장이 그것을 그냥 내버려 두지 않을 것이기 때문이다.

2012년 주목해야 할 것은 채권국들의 국채위험 안정과 이와 관련된 은행시스템의 안정에 관한 것이다. 그리고 그 첫 단추는 지난 해 유럽재정안정기금(EFSF)의 조성과 기능향상에 관한 논의로 채워졌다. 하지만 두 번 째 단추를 채우는 일부터 만만치 않다. 유럽은행의 잠재적 부실이 약 3,000억 유로로 추정되고 유럽국채시장의 안정을 위해서는 적어도 2조 유로 이상이 필요한데 현재 가용 EFSF(유럽재정안정기금)가 약 3천억 유로 이내임을 감안할 때 예상 레버리지 비율(또는 기금증액규모)은 5~6배 정도가 되어야 한다. 각국의 합의도출이 쉽지 않은 이유가 여기에 있다. 국제통화기금(IMF)의 증액과 중국의 쿼터배정 증액도 2012년 국제사회의 화두가 될 것이다.

세상 일이 해답이 있다고 잘 풀리는 것은 아니지만 그래도 해답은 다 나와 있다.

불과 3년 전 대서양 건너편 미국에서 벌어진 일에 모범답안과 해법, 유의사항의 매뉴얼이 다 있는 것이 유럽으로서는 불행 중 다행스러운 일이다. 무늬는 조금 달라도 본질은 같은 미국의 금융위기 선례가 사태해결의 나침반 역할을 해주고 있기 때문이다. 물론 미국경제의 체력이 고갈되고 달러 유동성이 넘쳐나 있는 상황에서의 유럽 재정위기 수습작업은 현실적으로 큰 짐을 하나 안고 그 위에 또 짐을 얹은 격이다. 바로 과잉유동성에 따른 인플레 우려가 고조되고 있고 미국의 유효수요가 바닥을 드러낸 상태에서의 유럽위기 극복은 훨씬 많은 에너지를 소모하는 고난도 작업이 될 수밖에 없다.

돈 풀어 해결하는 방식으로 돌파하지만…

미국이 얼마 전 만들어 준 따끈따끈한 '위기극복 매뉴얼'에는 다음 3가지 전략이 쓰여져 있다. 돈을 무조건 넉넉히 풀 것, 은행구제 프로그램을 당초 필요하다고 예상한 것보다 훨씬 넉넉히 큰 규모로 추진할 것, 그리고 마지막으로 이 모든 정책을 시장이 기대하고 있는 것 보다 훨씬 신속하고 과감하게 실행할 것 등이다.

결국 유럽이 지금 하는 일, 해야만 될 일의 핵심은 초(超)저금리와 강력한 양적 완화다. 다행스러운 것은 ECB 총부채에서 유로화의 포지션이 과거 평균을 크게 하회한 40% 수준에 있어 추가 유동성 공급에 여유가 있고 금리를 내릴 수 있는 여지도 있다는 점이다. 물론 그 대가와 훗날 치러야 할 부작용은 차치하고 말이다.

따지고 보면 이 위기의 장기적 종착역은 경기에 관한 문제다. 지금 당장은 유럽위기가 곧 금융위기일 뿐이지만 그 시효는 길어야 6개월 정도라 본다. 6개월 이내에 유럽위기가 말끔히 수습된다는 의미가 아니라 2012년 중반부터는 또 다른 형태의 위험으로 바뀌어 있을 것이란 뜻이다.

유럽위기의 장기적인 본질은 결국 '경기에 대한 위기'다.

건전재정을 위해 허리띠를 졸라매야 하고 경기회복을 위해 쏟아 부을 돈이 없기 때문이다. 경기를 부양할 아무 힘이 없는 정부, 끊임 없는 재정긴축으로 위축될 공공부부문의 경기지원 역할, 민간의 신용경색과 은행들의 대출태도 악화 등으로 향해 가는 것이다. 지금 불거진 재정위기를 계기로 유로존은 향후 더욱 깊은 경기 무기력증에 빠져들 가능성이 높아지고 있다. 따라서 앞으로 세계 금융시장은 유럽발 선진국 전반의 만성적인 경기부진과 이에 맞서는 신흥국의 역할에 따라 운명이 달라질 것이다. 유럽경기가 얼마나 세계경기를 끌어 내릴 지가 관건이다.

'양적 확대'로 위기 돌파

아일랜드에서 그리스, 포르투갈에 이어 이탈리아와 스페인으로 확산되는 유럽 재정위기는 진정되지 않고 있다. 유로존(유로화를 사용하는 국가들) 경제 규모 세번째인 이탈리아 국채금리가 한때 7%를 넘어서며 이탈리아도 그리스와 비슷한 과정을 겪을 가능성이 높아지고 있다. 국채금리가 높아지면 정부의 이자지급 부담이 커져서 긴축을 통해 재정적자를 줄이려는 노력에도 불구하고 재정수지는 개선되기 어려워지기 때문이다. 때문에 재정난을 겪고 있는 국가의 국채금리가 가지는 의미는 매우 크다.

당연히 현재 당면한 문제의 가장 근본적인 해법은 재정적자 축소이다. 그런데 정부지출을 줄이는 것 만으로 재정수지(재정수입-재정지출)를 좋게 만드는 것은 쉽지 않다. 이들 국가의 경

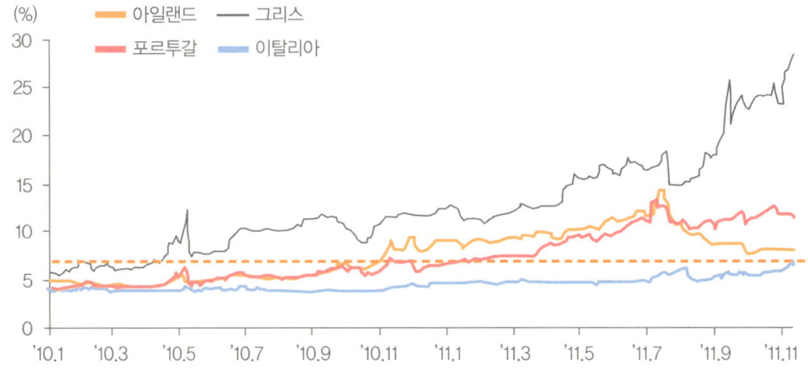

자료 : Bloomberg

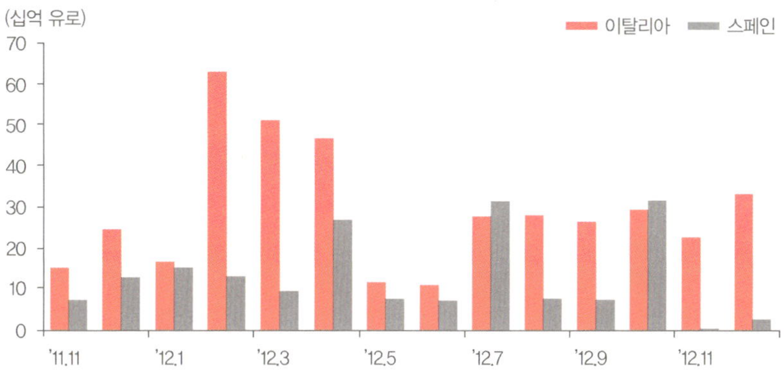

자료 : Bloomberg

제악화로 세수가 줄어들고 있기 때문이다. 또 지출 중에서 줄일 수 없는 항목이 있는데 이것이 국채에 대한 이자이다. 채권자에 대한 약속이기 때문에 이를 줄인다는 것은 채무불이행을 의미하는 것이다. 그리스의 경우 국채금리 급등으로 이자지급 부담이 눈덩이처럼 불어나면서 부채의 악순환에 빠진 것은 이미 잘 알려진 사실이다. 국채금리가 낮아진다면 재정난을 겪고 있는 국가의 재정건전성을 빠르게 좋아질 수 있고 이는 문제해결을 더 빠르게 만드는 촉진제의 역할을 기대할 수 있다.

국채금리가 가지는 또 다른 중요한 의미는 신뢰도이다. 매일 매일 거래되는 국채가격의 변화는 시장이 이탈리아와 같은 남유럽 국가의 신뢰도를 판단하는 중요한 척도이다. 국채금리가 치솟게 되면 불안이 확대되며 투자자들이 더 이탈하면서 다시 국채금리를 올리는 악순환을 초래한다. 반면 금리가 하향 안정세로 돌아서게 되면 가격매력이 부각되어 투자가 늘어나 금리를 더 끌어내리는 선순환 작용을 기대할 수 있다. 어느 누구도 이들 국가의 부채를 대신 갚아줄 리는 없지만 그 영향을 축소시키기 위해 이들 국가의 국채금리를 안정에는 적극적으로 나설 수 있다. 지원을 하는 국가도 모두 재정난을 겪고 있는 국채에 대한 투자자이기 때문이다.

이제 관심은 그리스가 다시 살아날 수 있을 것인지가 아니다. 오직 이탈리아가 다른 국가들처럼 구제금융을 신청하고, 디폴트 압력에 몰릴 것인지 여부에 시선이 집중되어 있다. 이제껏 구

117

제금융을 신청했던 아일랜드. 그리스, 포르투갈을 다 합친 것보다 이탈리아 국가부채 규모가 더 크다. 특히 이탈리아 국채는 2월부터 4월까지 3개월동안 월평균 500억 유로 이상의 만기가 집중되어 있다. 이 3개월 동안 이탈리아가 갚아야 하는 원리금은 1,612억 유로이며, 연간 전체 상환액의 44%가 3개월에 집중되어 있는 것이다. 때문에 2월 이전에 이탈리아 국채의 안정성을 확보하지 못한다면 이탈리아 역시 그리스가 걸어간 길을 뒤따를 가능성이 높아진다.

안정성을 판단하는 기준은 이탈리아 10년만기 국채 수익률이 6%대 이하에 안착하는 것이다. 국채 금리를 안정시킬 수 있는 대책들은 대규모 이탈리아의 국채만기가 도래하기 이전에 합의가 되어야 한다. 유럽 재정안정기금(EFSF)을 1조 유로까지 확대시키는 방안 확정, ECB 국채 매입 확대 및 기준금리 추가인하와 같은 정책이 대표적이다. 이러한 대책이 선행되지 않은 상황에서 유럽위기의 진정을 바라는 것은 요행을 바라는 것에 가깝다.
그럼에도 재정위기에 대한 우려가 쉽게 진정되지 않는다면 그리스와 이탈리아를 분리시키기 위한 시도를 통해 상황의 반전을 기대할 수 있다. 이미 제기된 것처럼 유로존을 축소하는 과정에서 이탈리아는 잔류하고 그리스 등 이미 구제금융을 받은 국가들을 제외하는 것과 같은 것이다. 이러한 조치는 단기적으로는 충격을 줄 수 있겠지만 이탈리아로 문제가 확산되는 것을 막는데는 일조할 수 있기 때문이다.

이탈리아, 구제금융까지는 안 갈듯

어려움을 겪고 있는 이탈리아가 대외적인 약속인 재정긴축 계획을 착실하게 이행하고, 이탈리아 국채금리가 지원으로 해결될 수 있다는 기대를 가지는 수준(7% 이하)에 머무른다면 이탈리아의 구제금융 신청가능성은 낮다. 미국의 경우도 2조달러가 넘는 달러를 풀어서 금융위기를 벗어난 바 있다. 그 동안 미국식의 이러한 정책에 신중했던 유럽은 이탈리아가 위기에 몰리게 되면 미국과 유사한 정책을 쓰지 않을 수 없다.

이미 ECB의 변화는 2011년 말부터 감지되기 시작했다.
그리스 우려가 확산되었던 2010년에도 제한적인 유동성 공급에 소극적이었고, 이후 인플레이션 우려에 발목이 잡혀 긴축 기조를 유지했던 ECB가 통화완화로 선회하기 시작한 것이다. 드

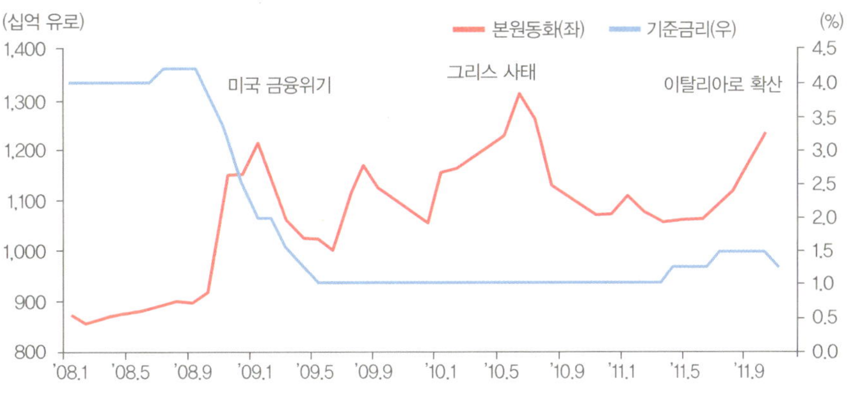

라기 신임 ECB총재는 취임 첫 달부터 기준금리 인하에 나섰다. 유럽 위기가 다시 점화된 2011년 8월 이후 본원통화 공급도 1,450억 유로를 늘려 상반기 대비 13.5%나 증가했다. 이런 정책 변화는 ECB 그간의 고집을 버리고 필요할 경우 미국이 그랬던 것처럼 통화를 발행해서라도 국채를 매입(미국에서는 이를 양적완화 정책이라 불렀다)할 준비가 되어있다고 선언하는 것과 같은 의미이다.

5 | 글로벌 정권교체와 경제

- ▶ 우리나라, 대선 후 2년간 주가 큰 폭 상승
- ▶ 경제안정은 기대에 못 미칠 듯
- ▶ 정권교체 많아 세계경제에 큰 변수

우리나라, 대선 후 2년간 주가 큰 폭 상승

2012년에는 세계 주요국에서 경제정책에 중요한 영향을 줄 선거가 많이 있다. 우선 우리나라의 경우, 4월에 총선 12월에 대선이 예정돼 있다. 중국은 10월에 새로운 총리가 등장할 것이며, 미국에서도 11월에 대선이 있다. 여기에 현재 글로벌 금융위기의 진원지가 되고 있는 유로지역에서도 중요한 선거가 있다. 4월 프랑스의 대선과 9월 독일 총선 결과가 글로벌 경제와 금융시장에 중요한 영향을 줄 것이다.

여기서는 미국과 우리나라에서 선거가 경제나 주식시장에 어떤 영향을 주었는지 분석해본다.

〈표 1〉 2012년 분기별 세계 주요국의 대선 / 총선 일정

2012년 1분기	2분기	3분기	4분기
핀란드 대선 (1월)	프랑스 대선 (4월)	인도 총선 (7월)	중국 대선 (10월)
대만 대선 (1월)	한국 총선 (4월)	멕시코 대선 (7월)	캐나다 총선 (10월)
러시아 대선 (1월)	아일랜드 총선 (5월)	독일 총선 (9월)	미국 대선 (11월)
			한국 대선 (12월)

자료 : 각종 언론 정리

정치적 경기순환론, 선거가 거시경제변수에 영향

정치적 경기순환론(Political Business Cycle Theory, PBC)은 선거라는 변수가 거시경제에 어떠한 영향을 미치는가를 분석한다. 이 이론의 주된 가정은 선거에서의 승리를 쟁취하려는 정부의 정책적 시도가 정치적 경기순환을 초래한다는 것이다.

PBC 이론의 창시자에 해당하는 노드하우스(Nordhaus, 1975)의 연구결과에 따르면 선거 후

121

자료 : 이은국(2001) 논문참조, 유진투자증권

정부는 물가안정을 위해 긴축정책을 추구하며, 선거가 다가오면 근시안적인 정책 하에 실업률을 낮추는 팽창정책을 쓴다. 그는 이러한 반복적인 행태가 위 그림과 같은 정치적 경기순환주기를 만든다고 주장한다.

미국의 경우 대선 해에 경제성장률 가장 높아

미국에서는 4년마다 대선이 있었고, 정치적 경기순환주기가 나타났다.

오른쪽 〈그림 2〉는 1956년 이후 미국의 대선과 경제성장률의 관계를 나타낸 것이다. 평균적으로 보면 미국은 대선이 끝난 후 2년까지는 경제성장률이 낮아졌다. 그러나 다음 대선 1년 전(이전 대선 3년 후)부터 경제성장률이 다시 높아졌고, 특히 대선이 있는 해에 미국 경제가 가장 높은 성장을 했다.

이처럼 대선이 있기 1년 전과 선거 해의 경제성장률이 높은 것은 현 정부가 다음 선거에 이기기 위해 통화와 재정 정책을 팽창적으로 운용했기 때문인 것으로 분석된다.

오른쪽 〈그림 3〉은 1960년 이후 대통령 임기 연도별 평균 통화(M2) 증가율을 보여준다.

대선이 끝난 2년 차에는 정책당국이 성장보다는 물가 안정을 강조하면서 통화정책을 비교적 긴축적으로 운용했다. 그러나 3~4년 차에는 통화증가율이 뚜렷하게 높아졌다. 예를 들면 대선 2년 후 평균 통화증가율이 6.0%였으나, 다음 대선 1년 전(이전 대선 3년 후)에는 7.4%로 높

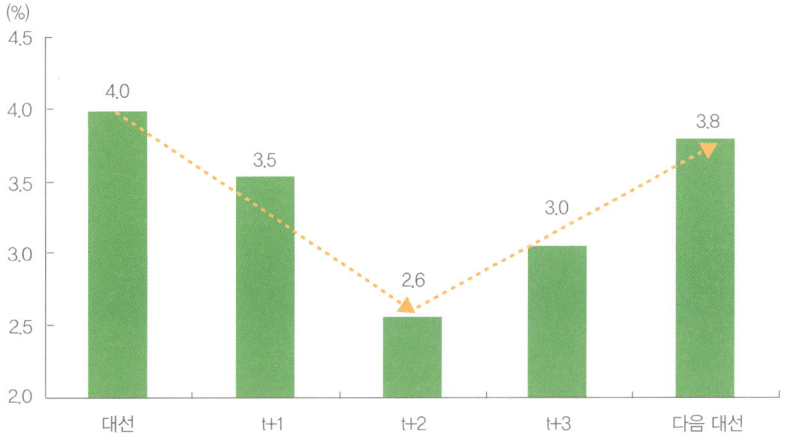

〈그림 2〉 미국 대통령 임기 연도별 경제성장률

주 : 1956년 이후의 평균 경제성장률
자료 : U.S. Department of Commerce : Bureau of Economic Analysis

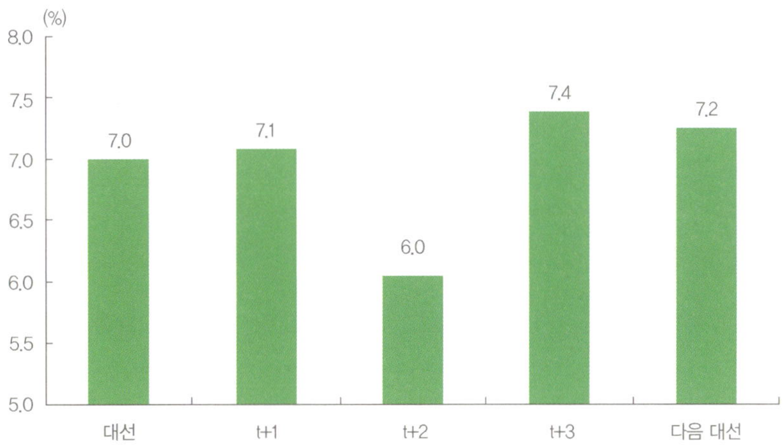

〈그림 3〉 미국 대통령 임기 연도별 통화(M2) 증가율

주 : 1960년 이후 연도별 평균수치임
자료 : Board of Governors of the Federal Reserve System

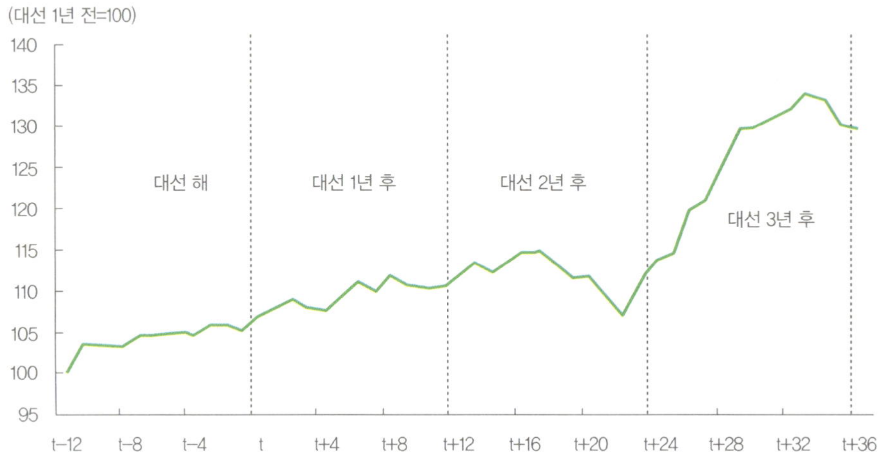

주 : 1959년 11월 이후 다우지수 월말 지수 평균
자료 : Bloomberg

아졌다. 다음 대선에 이기기 위해 현 정부가 경기를 부양한 것이다.

미국 주식 시장에서도 4년 주기가 나타나고 있다. 위 그림이 1960년 이후 대선과 주가(다우산업평균지수)의 관계를 보여준다. 주가는 대선이 있던 해에 평균 7.1%, 1년 후에 4.4% 상승했다. 그러나 대선 2년 후에는 주가가 1.5% 상승에 그쳐 상승률이 가장 낮았다. 앞서 본 것처럼 대선 2년 차에는 통화정책을 긴축적으로 운용했기 때문인 것으로 풀이된다.

대선 3년 후 즉, 다음 대선 직전 해에는 주가가 평균 14.2% 올라 가장 높은 상승률을 기록했다. 다음 대선을 앞두고 현 정부가 통화와 재정정책을 팽창적으로 운용한 것이 주가 상승 요인이 되었던 것으로 분석된다.

이런 경기 및 주식시장을 고려하면 2012년에는 미국 주가가 다소나마 오를 가능성이 높다. 재정지출에 한계가 있는 것은 사실이지만, 통화정책은 매우 신축적으로 운용할 것이기 때문이다. 이미 미 연방준비제도이사회는 2013년 상반기까지 제로금리를 유지하겠다고 했고, 경기회복이 더딜 경우 제3차 양적 완화정책을 쓸 수도 있다. 참고로 미국의 주요 경제지표에 대한 내년 전망치(블룸버그 컨센서스)는 다음 표와 같다. 필자가 보기에는 다소 낙관적인 전망이지만,

전문가들은 내년 하반기로 갈수록 경제성장률이 높아질 것으로 내다보고 있다.

우리나라 경우는 미국과 반대의 정치 싸이클

아래 그림은 우리나라 대통령 선거가 있는 해의 전후 년 경제성장률을 비교한 것이다. 일률적인 특징은 나타나지 않으나, 1997년 대선 이후 경제성장률이 낮아졌다. 1998년에는 이른바 'IMF'경제위기로 마이너스 5.7% 성장했다.

대선 후 2년까지 주가 큰 폭 상승

미국의 주가는 대선 1년 전(이전 대선 후 3년)에 가장 높은 상승률을 보였다. 그러나 우리 주가는 대선 후 2년까지 오르고, 그 이후에는 조정을 보였다.

1997년 대선 이후 주가(KOSPI)를 분석해보면 대선이 있던 해에는 주가가 조정(상반기 상승, 하반기 하락) 양상을 보였다. 그러나 대선 1년과 2년 후에는 주가가 각각 평균 27.7%, 29.9%씩

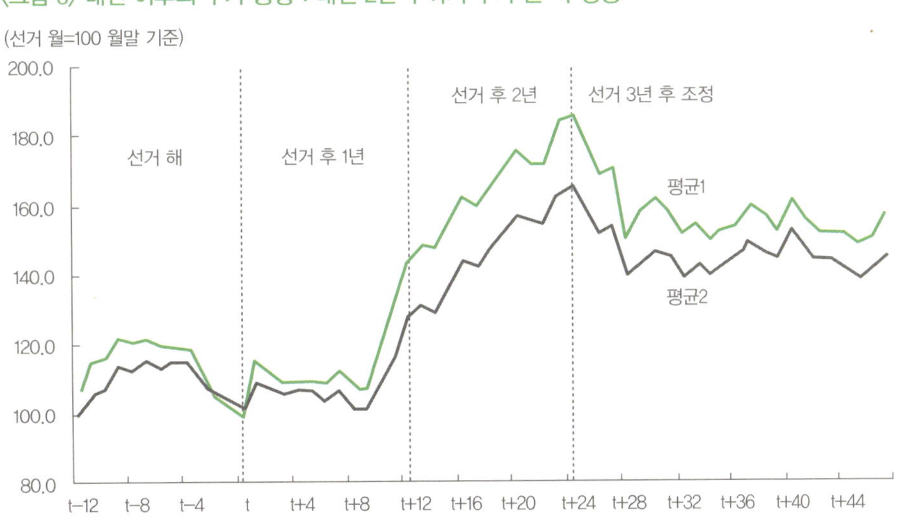

〈그림 6〉 대선 이후의 주가 동향 : 대선 2년 후까지 주가 큰 폭 상승

주 : '평균2'는 전체 기간(1997~2011), '평균1'은 2007년 대선 이후 제외
자료 : KRX

<표 2> 2012년 미국의 주요 경제지표 전망 (단위 %)

	2011					2012					2013
	1/4	2/4	3/4	4/4	연간	1/4	2/4	3/4	4/4	연간	연간
GDP성장률	0.4	1.3	1.8	2.8	1.8	1.9	2.1	2.3	2.5	2.1	2.5
경상수지/경상GDP	−3.2	−3.2	−3.1	−3.0	−3.1	−3.0	−3.0	−3.1	−3.0	−3.0	−3.0
소비자물가	2.1	3.5	3.8	3.4	3.1	2.5	2.1	1.8	2.0	2.1	2.2
실업률	8.9	9.1	9.1	8.8	9.0	8.8	8.8	8.7	8.6	8.7	8.3
기준금리(말)	0.25	0.25	0.25	0.25	0.25	0.25	0.25	0.25	0.25	0.25	–
국채(10년, 말)	3.47	3.16	1.92	1.95	1.95	2.16	2.32	2.50	2.67	2.67	–

자료 : Bloomberg(2011. 12)

<그림 5> 대선 전후 해의 경제성장률 비교

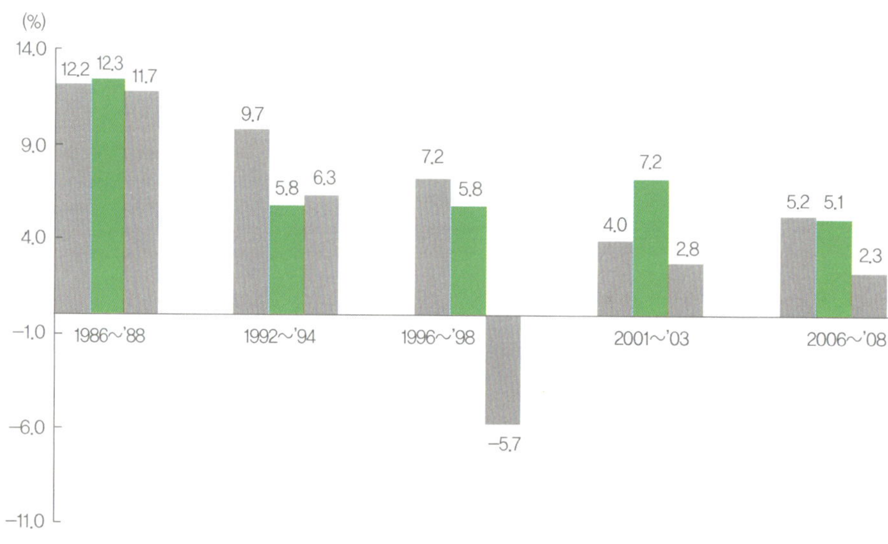

자료 : 한국은행

상승했다. 그 이유는 대선 후 경제정책에 대한 불확실성이 해소되고, 신정부가 경제성장을 위해 역량을 집중하는데 있었을 것이다.

그러나 미국과는 달리 대선 후 3~4년 차는 주가가 하락했다. 정권의 후반기에 갈수록 레임덕 현상으로 정책 추진력이 약화되고, 차기 정부의 경제정책에 대한 불확실성이 높아지기 때문인 것으로 보인다.

대선보다는 경기가 주가에 더 큰 영향

대선이 있었던 1987년, 1992년, 2007년에는 주가가 상승했으나, 1997년과 2002년에는 주가가 하락했다. 이는 경기 국면 차이에 따른 것으로 풀이된다.

통계청이 작성하는 우리나라 경기순환주기에 따르면 1985년 9월에서 1998년 1월까지 우리 경기가 확장국면에 있었고, 1987년 대선은 경기가 거의 정점에 이를 때 치러진 것이다. 또한 2005년 4월에서 2008년 1월까지 경기가 확장국면에 있었는데, 2007년 대선 해에도 경기 좋았기 때문에 주가가 상승할 수 있었다.

나머지 대선은 경기 수축국면에 치러졌으며, 그래서 주가가 하락했다. 특히 1997년 대선 시기에 주가가 폭락했는데, 이때는 'IMF'경제위기가 발생했던 원년이었다.

2012년 주가 소폭 상승 예상

이런 과거 사례 분석이 새해 우리 주가 전망에 주는 시사점은 다음과 같다.

우선 대선이 있던 해에 미국 주가는 평균 7% 상승했다. 우리 주가는 대선 해에 조정을 보였으나 미국 주가와 상관관계가 높은 만큼, 내년 미국 주가 상승은 우리 주식 시장에 긍정적 영향

〈표 3〉 대선과 주가

	1987년	1992년	1997년	2002년	2007년	평균1	평균2
대선 1년 전	51.9	90.0	173.1	110.5	75.6	106.4	100.2
대선 해 12월	100.0	100.0	100.0	100.0	100.0	100.0	100.0
1년 후	172.8	127.7	149.5	129.2	59.3	144.8	127.7
2년 후	173.2	151.4	273.2	142.8	88.7	185.2	165.9
3년 후	132.6	130.1	134.1	219.8	108.1	154.2	144.9
4년 후	116.3	96.0	184.3	228.6	96.2	156.3	144.3

주 : '평균2'는 전체 기간, '평균1'은 2007년 대선 이후 제외
자료 : KRX

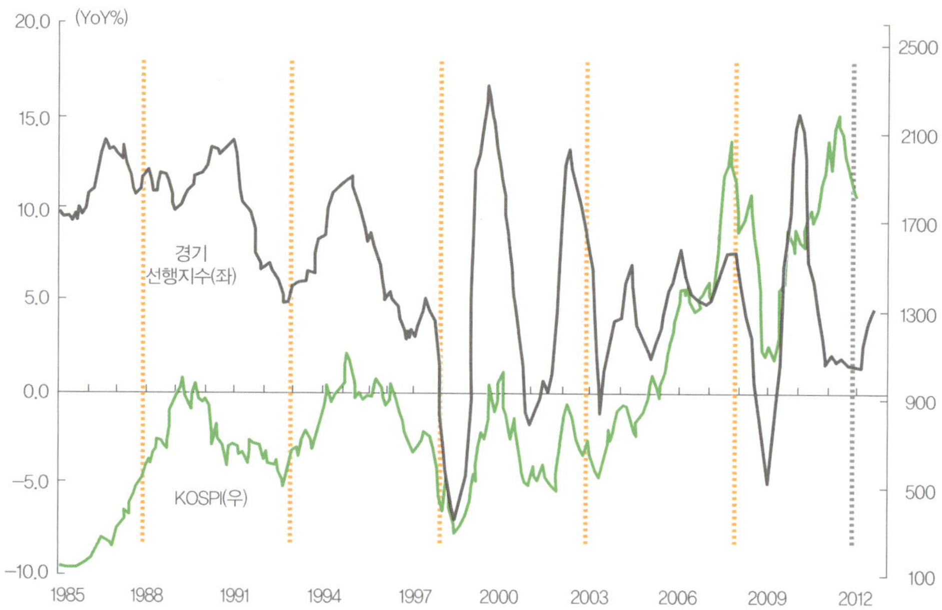

주 : 1) 빨간 점선은 대선이 있었던 해
　　2) 2011년 12월 이후 선행지수는 전망치
자료 : 통계청, KRX

을 줄 것이다.

그러나 대선 그 자체보다 주식 시장에는 경기가 더 중요하다. 2012년에는 미국과 우리 경기가 확장국면에 접어들 가능성이 높다. 미국 경제에 대해서는 앞에서 전문가들의 견해를 들었다. 우리나라의 경우 경기선행지수가 2009년 12월을 정점으로 하락하고 있는데, 2012년에는 상승세로 전환될 전망이다.

이런 의미에서 보면 2012년 대통령 선거 해의 주가는 소폭이라도 오를 가능성이 높다. 그리고 대선이 끝난 후 신정부의 경제정책에 대한 불확실성이 해소되는 2013년에는 주식 시장을 낙관적으로 전망해도 될 것이다.

경제안정은
기대에 못 미칠 듯

'2012년 글로벌 정권교체는 세계금융위기의 극복에 도움이 될 것이다?" 대답은 '아니요'이다. 2012년 지구촌의 정치 이슈는 결론적으로 금융위기 극복과 경기회복에 그다지 큰 도움이 되지 못하거나 오히려 부담스러운 요인이 될 것이다. 다만 선거를 앞둔 각국 행정부가 원하고 중앙은행이 추구하려는 통화정책 방향은 다소의 물가상승 압력이 증가함에도 불구하고 금리를 내리고자 한다는 사실이다. 이미 2010년 하반기부터 터키, 브라질, 인도네시아, 이스라엘, 호주 증 많은 국가들이 금리를 인하했다. 꼭 정권교체를 앞두고 단행되는 금융완화 정책은 아니겠지만 지구촌의 돈 풀기와 선거는 이번에도 예외 없이 병행되는 현상이고 단골메뉴다.

이미 실패한 경제권의 수장들은 거의 바뀌었다. 즉 유럽 재정위기의 진원지인 남유럽 PIIGS(포르투갈, 아일랜드, 이탈리아, 그리스, 스페인) 국가들의 리더십 교체는 2011년에 거의 일단락 되었다. 아일랜드에서는 이미 14년 집권의 공화당이 패배하고 연립정부가 구성됐고 포르투갈도 2011년 6월 집권 사회당의 패배로 사민당이 집권했다. 한편 그리스도 과도 연립정부가 출범했고 이탈리아의 총리교체와 스페인의 기존 야당(국민당) 압승 등 정권교체의 도미노는 숨쉴 틈 없이 이미 진행되었다.

문제는 이들 새로운 정치리더십이 과연 얼마나 민심을 수습하면서 눈 앞의 재정위기를 극복하고 국제공조를 강화하면서 내부적으로는 재정건전화를 향한 개혁을 성공적으로 이뤄갈 것인가 하는 점이다.

전세계 15개국이 정권교체 예정

2012년 지구촌에서 대선 레이스가 펼쳐질 국가는 15개국에 달한다. 정치 이벤트는 늘 바람처럼 왔다가 소리 없이 사라지는 한 편의 드라마이지만 그것이 진행되는 과정에서는 시끄럽기 그지없다. 사람들이 정치이벤트에 관심을 갖는 것은 희망 때문이다. 또한 정권교체는 대개 그 나라 사회 역사적으로 봤을 때 의미 있는 하나의 큰 변곡점이 되었던 경우가 많았다. 어떤 경우는 경기순환 사이클이 정치 이벤트와 맞물려 돌아가는 경우도 많았다.

2012년에도 각종 정치적 이슈는 사람들로 하여금 새로운 정책에 대한 기대감과 금융완화에 따른 인플레이션 기대심리, 그리고 위기수습에 필요한 새로운 리더십에 대한 기대감 등을 불러 일으키고 있다.

하지만 이러한 심리적 요인보다는 현실에서는 정권교체를 전후로 한 각국의 정치 레임덕 현상이 더 문제가 될 것이다. 재정위기에 처한 국가들과 기타 모든 국가들이 위기대응에 실패하거나 위기관리 능력이 떨어질 수 있고 그것이 금융위험을 확산시킬 수 있다는 얘기다. 정권 교체 과정에서 대중 인기영합적인 정책이 나오거나 재정 건전화 프로그램이 후퇴될 수도 있다. 특히 2011년 한 해 동안 세계경기가 약했고 경제주체들의 심리가 크게 위축되었는데 그런 상황에서 벌어지는 정치적 혼란은 여러 모로 부담이 아닐 수 없다. 전쟁 중에 장수가 바뀜으로써 잃을 수 있는 것들이 더 많을 수 있다는 뜻이다.

물론 글로벌 정권교체에 대해서 무조건 획일적인 의미를 부여하기는 어렵다. 국가나 지역마다 올해 정치 이벤트가 주는 의미는 조금씩 다를 것이다.

먼저 유럽의 경우 당면한 재정위기 극복에 필요한 정치적 리더십에 공백이 가장 우려되는 지역이다. 새해 한해 동안 만기가 도래할 유로지역 주요국 국채 가운데 40% 이상이 2월에서 4월 사이에 몰려있는 상황에서 유로존의 정치이슈는 연초부터 유럽 재정위험에 부적적 요인이다. 또 그 위험은 1/4분기 중 나타날 가능성이 높다. 4월에 예정된 프랑스 대선은 유럽재정위기의 정치적 첫 시험대이다.

미국 경제에는 호재로 작용할 듯

미국의 경우는 유럽보다는 사정이 조금 낳은 편이다. 오바마 행정부는 2012년 중 미국경기 부양을 위해 보다 확장적인 재정정책을 펼치려고 할 것이다. 하지만 물론 공화당의 제동은 물론이고 현실적으로 재정확대의 재원이 없다.

새해 미국경제가 회복된다면 그 요인은 재정이나 정부성책에 있는 것이 아니라 시간이 경과함에 따라 나타나는 자연적이고 순환적인 요인에 있을 것이다. 물론 정부의 역할이 조금만 높아져도 미국의 경우, 경기회복이 예상보다 강하게 나타날 공산이 크다. 바닥권의 재고상황, 꾸준히 높아진 제조업가동률, 금융위기 당시에 비해 상당 폭 낮아진 가계부채비율, 소득 중상위(中上位) 계층의 절제되고 이연된 소비지출의 잠재력, 주택재고의 감소 등이 바탕에 깔려 있기 때문이다. 새로운 자본주의 질서논쟁과 함께 2012년에는 미국의 정치권과 여론, 계층간 갈등이 표출되고 또 증폭되는 한 해가 될 것이다.

중국은 10월에 전국대표회의를 통해 중앙지도부가 확정되는데 그간 중국의 경우 정권 전임자가 후임자에게 고도성장의 바통을 넘겨주고자 하는 관행에 따라 2011년과 새해 신구 지도부 모두 적극적인 성장정책을 표방할 가능성이 높다. 새로운 지도부는 2015년까지로 되어 있는 제12차 5개년 계획을 이어받아 도시화와 농촌지역의 소득향상, 균형성장, 신성장 첨단산업 육성 등의 청사진을 제시할 것이다. 성장지향적인 정책구도를 이어받는 중국의 정권교체는 글로벌 금융시장에 긍정적인 요인으로 작용할 것이다. 물론 밀려오는 핫머니를 지준율 인상 등으로 계속 흡수해야만 하고 동북연안지역의 부동산 경기 연착륙을 위해 신중한 금융규제와 경기 연착륙 정책이 계속 펼쳐지겠지만 그 대신 중국정부는 재정지출의 물꼬를 내륙과 농촌지역에 집중할 것으로 보인다. 중국 정부당국은 고용과 성장을 후퇴시킬 이유도 또 그럴 계획도 갖고 있지 않다. 다만 전략적인 변화만 있을 뿐이다.

주식시장은 '정치테마주'가 각광받을 듯

한편 우리나라의 경우도 올해는 총선과 대선을 모두 한 해에 치르는 해이니만큼 그 어느 때보다 정치적 이벤트에 관련 뉴스거리가 넘쳐나는 한 해가 될 것이다. 표심을 잡기 위한 여야 공약의 핵심은 한국형 복지정책, 일자리 창출과 신성장 산업육성 등에 있을 것이다. 하지만 이보다도 한국 역시 정치적 이슈가 난무하는 가운데 정치적 리더쉽에 공백이 크게 느껴지는 한 해가 될 가능성이 크다. 다만 통화, 재정 양면에서 경기에 모두 우호적인 정책들이 펼쳐질 것으로 보이고 이에 따라 2011년보다는 인플레 기대심리가 높아질 것으로 보인다. 선거를 봄 가을로 치르는 해이니만큼 2011년 보다는 부동산시장도 일부 지역을 중심으로 거래증가와 함께 미미하나마 제한적인 회복세가 나타날 것으로 예상된다.

정권교체 등의 정치적 이슈는 시간이 지니고 나면 금융시장에서 그다지 중요한 문제가 아닌 것으로 판명되곤 한다. 다만 수권정당의 정치적 이념이나 당선자의 정치성향, 공약 등에 따라 단기적으로 금융시장이 요동을 치는 경우는 많다. 주식시장에서 정책 수혜주나 테마주들이 요란하게 한 바탕 휩쓸고 지나가는 경우는 많다. 즉 정치적 이슈가 강하게 지배하는 해에는 대개 주식시장이 혼탁하고 재료에 따라 종목군의 부침이 심하다.

이른바 이유 없이 오르는 주식, 펀더메틀과는 무관하게 일시적인 인기나 수급에 의해 오르락 내리락 하는 종목에 어떻게 일일이 대응할 것인가?

결론은 중심을 잡아야 한다. 따라 갈 종목과 무시할 종목을 구분하자. 관연 이 테마, 이 재료가 그 기업의 실적과 궁극적으로 연결되는가를 곰곰이 따져보자. 그래서 아무리 화려한 재료라 할지라도 실적으로 연결되지 않거나 실적으로 이어지는데 요원한 재료라고 한다면 무시하고 눈과 귀를 닫자는 것이다. 전문적 단기 트레이더가 아닌 한 말이다.

정치이슈가 중심일 것 같지만 증시에서는 결국 중국경기의 호조에 따라 화학, 철강 등 소재섹터와 중국소비와 관련된 생활 밀착형 소비재(재 중국 수출주) 섹터에 초점을 두는 것이 바람직해 보인다.

정권교체 많아
세계경제에 큰 변수

정권교체가 많을 수 있는 한 해이다. 많은 주요국들이 선거를 앞두고 있을 뿐만 아니라 현재 경제상황에 대한 불신의 폭도 커져서 변화를 요구하는 목소리가 커지고 있기 때문이다. 공식적인 선거에 의한 것은 아니지만 어려움을 겪고 있는 유럽 국가에서는 이미 이런 변화가 확인되었다.

경제부진과 재정위기의 책임을 지고 그리스, 이탈리아의 총리가 변경되었다. 선거를 앞두고 있는 국가들은 이 정도의 혹독한 심판은 아닐지라도 정권유지에 대한 불안이 커질 수 밖에 없

주요 국가 선거 일정

65세 이상 인구비중 / 도달 연도				
2012년	선거일	국가	종류	비고
1월	22일	핀란드	대선	1차
3월	4일	러시아	대선	
	29일	이란	총선	
	미정	스페인	총선	
4월	22일	프랑스	대선	1차
	미정	대한민국	총선	
5월	6일	프랑스	대선	2차
6월	10일	프랑스	총선	1차
	17일	프랑스	총선	2차
7월	1일	멕시코	대선, 총선	
	미정	인도	대선	
11월	6일	미국	대선, 총선	
12월	미정	대한민국	대선	
	미정	터키	대선	

자료 : 토러스투자증권 리서치센터

다. 한국뿐만 아니라 미국, 러시아 같은 나라들이 2012년에 선거가 예정되어 있는 대표적인 국가이다. 또한 중국은 선거에 의해 정권의 변화가 진행되지는 않지만 공산당의 세대교체기로 진입하면서 역시 중요한 한 해를 맞이하고 있다.

선거가 경제에 미치는 영향은 다양한 각도에서 나타날 수 있다. 가장 큰 것은 정책방향의 변화가 될 것이고, 그 외에도 표를 의식한 재정지출 확대 경향, 사회 불확실성 확대, 미래에 대한 기대심리 등을 통해서 영향력을 발휘할 수 있다. 또한 예상치 못한 변화는 다양한 비용을 증대시키기도 한다.

경제나빠 정권교체가능성 높은 해

특히 정권의 교체가능성이 높을 때 선거는 경제에 미치는 영향이 더 커진다. 지키려는 측과 새로 얻으려는 측 모두 더 많은 표를 확보하기 위해 더 많이 노력하기 때문이다.

미국의 경우 실업, 재정건전화, 금융산업 개혁 등이 그 어느 때보다 뜨거운 논제로 부각되었다. 이중 가장 표에 민감한 것은 실업률일 수 밖에 없다. 과거 높은 실업률에서 연임에 성공한 대통령은 레이건 대통령이 거의 유일하다. 당시에는 경제가 정책의 핵심에 놓여있었고, 정책방

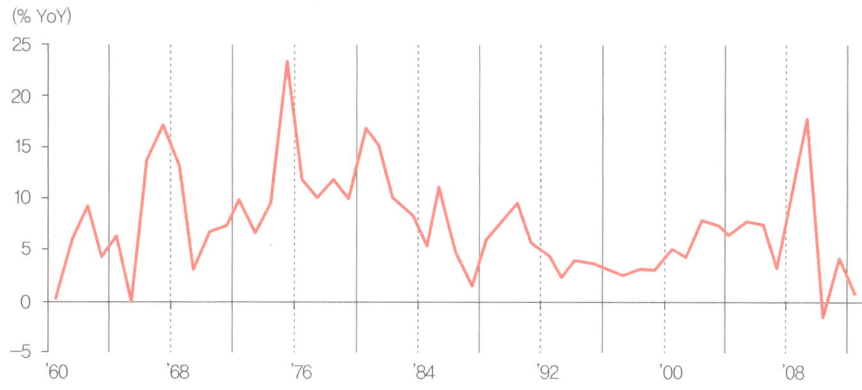

4년주기의 미국대선은 미국 정부지출의 전환점을 만들곤 했음

자료 : CEIC

향에 대한 신뢰도가 높았기 때문에 연임이 가능했다. 당시에도 재선을 위해서는 실업률을 낮추려는 노력은 있었다. 2012년 미국 대선에서는 높은 실업률의 연임을 기대하기는 쉽지 않다. 오랜 기간 고용부진에 시달린 민심이 더 인내하기 어려워 보이며, 9%대의 실업률은 너무 높은 수치이다. 따라서 연임을 위해서는 오바마 정부는 무조건 실업률을 낮춰야만 한다.

그런데 고용을 늘리는 것과 재정건전화, 금융산업 규제강화 등은 배치되는 측면이 많다. 따라서 미국이 전통적으로 사용하던 양적인 확대(재정 및 통화공급 확대)를 통한 고용창출이라는 방법은 사용하기 어렵다. 이런 고충에 놓인 오바마 정부가 내놓은 대책은 보통 계획경제에서 주로 사용하는 정책수단의 채용이다.

오바마 정부가 내놓을 고용확대를 위한 정책은 크게 4가지로 축약된다. 1) 인프라투자 확대안, 2) 고용에 대한 세제지원, 3) FTA 비준에 따른 무역 활성화, 4) 실업급여 혜택 연장 지속.
우리에게는 매우 익숙한, 그래서 신선도가 떨어지게 느껴지는 정책이다. 하지만 재정지출을 늘릴 수 없는 미국의 경우에는 그 의미가 좀 다르다. 이머징 국가에서 많이 채용한 계획경제적인 수단을 도입함으로써 돈이 없는 정부가 할 것이 없다는 좌절에서 미국의 재정정책을 부활시켰다는 것이 가장 큰 상징적인 의미이다. 또한 고용이라는 명제를 부각시키는데 성공해서 재정긴축에 압박의 수위를 높였던 공화당을 경기부양이라는 정책의 틀로 자연스럽게 끌어들일 수 있었다는 것도 의미가 있다.
이런 오바마 정부의 묘수덕분에 관리라는 재미없는 이슈가 자리를 잡을 것 같았던 미국 대선의 경우도 경기활성화를 위한 정책대결의 장을 기대할 수 있게 되었다. 현정부는 재선을 위해 상반기중 가시적인 실업률의 하락을 원할 것이고, 이런 노력이 성과를 내면 일반적인 생각보다 미국 경제의 회복 시점을 앞당기는 역할을 할 수 있을 것으로 기대된다. 항상 경기의 전환점에는 정부정책이 결정적인 역할을 한다.
돈이 없는 미국정부가 과연 성과를 낼 수 있을까? 우리는 답을 비교적 쉽게 유추할 수 있다. 이미 많이 경험했기 때문이다. 소위 예산의 집행시기 조절이라는 조삼모사(朝三暮四) 식의 정책이다. 정책 효과를 기대하는 상반기에 예산과 정책적인 노력을 집중함으로써 경기회복에 탄력을 더해주는 정책이다. 미국이 한국을 얼마나 닮아갈 것인지를 지켜보는 것도 재미있는 관전 포인트가 될 것이다.

정권유지를 위한 경제부양정책 나올 듯

미국이 정치적 안정을 위해 아시아를 바라보고 있다면, 한국과 중국은 선진국을 바라보고 있다고 할 수 있다. 선진국은 성장모델이 필요하고, 아시아는 좀 더 잘사는 사회를 지향하고 있기 때문이다. 따라서 복지와 분배에 대한 강조가 아시아의 가장 큰 특징이 될 것으로 보인다.

우리에게 익숙한 중국의 지도자 이름은 후진타오와 원자바오이다. 이제 그 이름이 변하고 있다. 시진핑과 리커창으로 세대교체가 진행되고 있기 때문이다. 중국은 공산당 1당 체제이기 때문에 선거를 통한 정권교체가 아니라 공산당 내부에서 차기 지도부가 선출된다. 오랜 시간에 걸쳐 검증과정이 진행되기 때문에 현재 부각된 시진핑이 차기 주석이 되는 것은 거의 확실해 보인다. 그러면 마오쩌둥, 덩샤오핑, 짱저민, 후진타오에 이어 제5대 공산당 총서기가 되는 것이다. 또한 원자바오 국무원총리(행정부 수장) 자리는 리커창이 대체할 것으로 보인다.

전체인구의 6%가 채 되지 않는 7800만 공산당원이 선택한 지도자는 인민들의 폭 넓은 지지를 확보하기 위해 선제적으로 욕구를 채워줄 필요가 있다. 그래서 이러한 새로운 지도층이 내세우고 있는 것이 분배의 문제이고, 낙후된 농촌 및 서부지역개발이다. 이미 중국 정부는 12차 5개년 계획에서 소비중심 사회로 가겠다는 계획을 공표함으로써 이러한 후계구도를 염두에 둔 경제정책에 착수했다. 새로운 지도자들이 전면에 부각되면 기존에 발표된 것 이상의 새로운 정책들을 내놓으며 중국 경제가 새로운 세대로 진입하고 있음을 부각시킬 것이다.

새로운 지도층의 부각과 함께 중국의 세계경제에서 차지하는 위상의 변화도 예상된다.

중국은 2020년을 전후해서 세계경제 최대국가로 부상할 가능성이 높다는 것이 일반적인 추론이다. 따라서 중국은 이에 맞는 위상을 정립하기 위한 사전적인 노력을 할 것이다. 자본시장 개방확대 및 중국식 금융시스템 모색, 위안화의 국제적 위상제고, 환경중시 경제성장, 남남교역 확대 등이 예상할 수 있는 것들이다.

6 | 새로운 경제체계 나올까

- ▶ 기업의 이해관계자 폭 커진다
- ▶ 기업의 역할 확대되는 자본주의 4.0시대
- ▶ 이머징 국가의 역할·힘 커진다

기업의 이해관계자 폭 커진다

3중 위기를 겪고 있는 지구촌

최근 지구촌이 '3중 위기'를 겪고 있다.(한겨레신문, 2011.11.1) 우선 '환경과 에너지 위기'이다. 2011년 10월 태국의 홍수에서 볼 수 있는 것처럼 지구촌 여러 지역이 자연재해를 겪고 있다. 일본의 쓰나미와 대지진은 과연 원자력발전이 안전한 에너지원인가에 대한 근원적 질문을 던지는 계기가 되었다.

다음으로 '성장의 위기'이다. 미국과 유로지역의 국가채무위기가 심화되면서 선진국 중심으로 세계경제가 낮은 성장을 할 가능성이 높아졌다. 우리 경제에서도 7%대의 경제성장은 옛이야기가 돼가고 있다.

마지막으로 '분배의 위기'이다. 경제가 높은 성장을 하는 과정에서도 정책적 자원배분 결과로 양지와 음지가 생기게 된다. 그러나 경제성장이 둔화되는 단계에서는 자연적으로 경제 주체간 차별화 현상이 심화되고 분배 문제도 더 심각하게 대두된다.

기업 측면에서 보면 고성장 시대에는 대부분의 기업이 생존하면서 일자리도 창출한다. 그러나 경제성장이 둔화되는 단계에서는 경쟁력을 갖춘 기업만 살아남아 더 잘되고, 그렇지 못한 기업은 시장에서 퇴출당한다. 이 시기에는 고용 사정도 악화될 수밖에 없다. 1997년 'IMF' 경제위기를 겪으면서 우리 경제에 이런 현상이 발생하고 있다.

반 월가 시위는 위기의 현실화

'월가를 점령하라'(Occupy Wall Street)라는 반 월가 시위가 전세계로 확산되고 있다. 2011년 10월15일에는 세계 80여 개국 900개 도시에서 시위가 있었다. 이들이 직접적으로 내세우고 있는 구호는 글로벌 금융자본주의의 탐욕과 부패에 대한 분노, 청년 실업 문제 등이다. 2008

년 미국에서 시작된 글로벌 금융위기를 겪으면서 천문학적 공적 자금이 금융회사에 투입되었
다. 그러나 금융회사 임원들은 엄청난 인센티브를 받았다고 그들은 주장한다. 버락 오마바 미
대통령은 "월가 시위는 미국인들이 느끼는 좌절감의 표현이다"라고 했다.
그러나 반 월가 시위는 기본적으로 앞에서 언급한 '3중 위기'중 성장과 분배의 위기를 대변하
고 있다고 해고 과언은 아닐 것이다. 이번 글로벌 금융위기는 그 위기를 더 빠르게 표현화했
고, 대응책을 요구하고 있다.

기업만 부자?

각 경제 주체 내에서도 차별화 현상이 발생하고 있지만 경제 주체간 차별화 현상도 심화되고
있다. 여기서는 경제주체간 차별화 문제만 다룬다.
이번 경제위기 전후에 가계와 정부가 부실해졌다. 가계는 금융회사에서 돈을 빌려 과소비를 했
고, 그 후유증을 겪고 있다. 가계 소비 증가세가 위축되면서 경제가 침체에 빠지자 정부가 대

〈그림〉 미국의 국민소득 중 노동소득 몫(2005=100) 축소

자료 : Federal Reserve Economic Data

규모 지출을 통해 경기 부양에 나섰다. 그러다가 정부마저 가계처럼 부실해졌다. 대표적 예가 유로지역의 국가채무위기이다.

기업은 일부 대기업을 중심으로 많은 돈을 벌었다. 2011년 6월 현재 미국의 비금융기업이 가지고 있는 현금성 자산이 2조 달러로 사상 최고치를 기록했다. 우리나라 대기업도 많은 현금을 보유하고 있다. 2010년에 유가증권시장 상장된 12월 결산법인이 가지고 있는 현금성 자산은 69조원이었다.

그렇다면 왜 이렇게 기업만 부자(?)인가?

우선 미국의 경우 생산성이 증가만큼 근로자의 임금이 상승하지 못했다. 특히 미국에서 정보통신 혁명으로 생산성이 증가하기 시작한 1995년 이후 이런 현상이 뚜렷하게 나타났다. 1995년에서 2011년 3분기까지 미국 비농업부문의 노동생산성이 분기 평균 2.4% 증가했으나, 단위당 노동비용은 1.3% 증가한 데 그쳤다. 이에 따라 왼쪽 그림에서 볼 수 있는 것처럼 2000년 이후 노동소득의 몫은 지속적으로 줄어들고 있다.

다음으로는 저금리도 기업 이익 증가에 기여했다. 한 국가에서 가처분소득을 가계와 기업이 나눠 가진다. 이 과정에서 임금과 더불어 금리가 중요한 역할을 한다. 가계는 전체적으로 금융자산이 부채보다 많은 자금잉여 주체이고 기업은 그 반대로 자금부족 주체이다. 금리가 오르면 가계의 이자소득이 늘기 때문에 가처분소득에서 가계의 몫이 증가한다. 금리가 낮아지면 그 반대로 기업의 몫이 증가한다. 기업은 금융부채가 자산보다 많기 때문이다. 이번 글로벌 경제위기를 겪는 동안 미국은 정책금리를 거의 영(0) 퍼센트로 인하하는 등 전세계가 저금리정책을 펼쳤는데, 이것은 금융소득을 가계에서 기업으로 이전시킨 것이다.

이러한 이유로 우리나라 국민소득에서 노동소득이 차지하는 비중을 나타내는 노동소득분배율이 줄어드는 추세를 보이고 있다. 노동소득분배율은 우리가 IMF 경제위기를 겪기 전인 1996년에 62.6%였으나, 2000년에는 58.1%로 낮아졌다. 그 이후로 2010년까지 10년 동안 평균 59.9%에서 움직이고 있다.

결국 저금리가 크게 노동소득분배율의 하락에 크게 기여했을 것이다. 우리 경제는 1997년 IMF 경제위기 이전에는 국내 총투자율이 총저축률을 웃돌면서 자금 부족으로 고금리가 지속되었으나, 그 이후로는 저축이 투자를 넘어섰고 저금리 현상이 지속되고 있다.

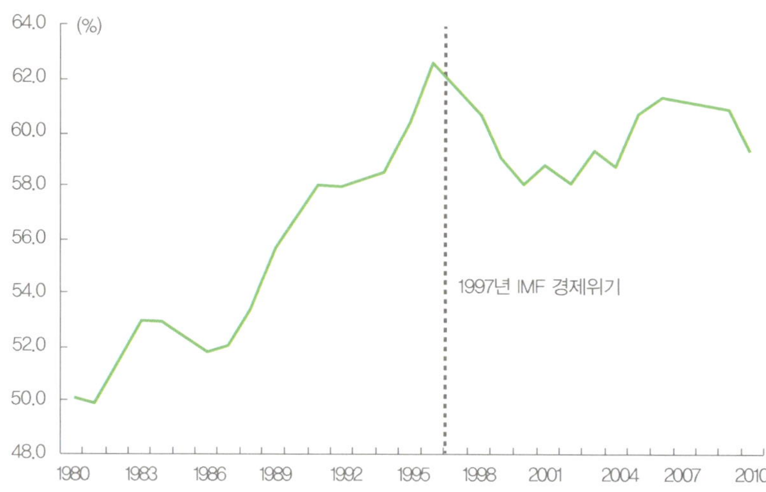

마지막으로 정치적 행위가 기업이익 증가에 기여했을 것이다. 정치가들은 선거를 앞두고 경제가 좋은 상태에 있기를 바란다. 경제가 좋아지려면 결국 기업 경기가 좋아야 한다. 그래서 정치가들은 기업에 유리한 정책을 펼치는 경우가 많다.

기업이 투자와 고용 늘려야

이번 글로벌 경제위기 전후에 가계와 정부가 가난해졌다. 선진국 경제 중심으로 세계경제가 구조적으로 저성장 국면에 접어들었다. 세수가 줄고 재정이 악화되고 있기 때문에 정부가 분배정책을 쓰는데도 한계가 있다.

그렇다면 부자인 기업이 돈을 써야 한다. 사회에 기부하거나 근로자의 임금을 올려주는 것도 공생의 방법이다. 그러나 그것보다 투자와 고용을 늘리는 것이 더 바람직하다. 고용이 늘어 근로자가 소비지출을 늘리면 기업의 생산과 투자가 늘어 선순환이 가능할 수 있다.

문제는 이윤추구가 목적인 기업이 이런 일을 해낼 수 있을 것인가에 있다.

그래서 사회책임경영이 가장 중요한 화두 가운데 하나로 떠오르고 있다. 주주만을 중요한 이

해관계자로 간주하던 경영에서 임직원, 고객, 환경, 지역사회 등 다양한 이해관계자를 균형 있
게 고려한 경영을 펼쳐야 하는 시대가 온 것이다.
이런 의미에서 보면 단기적으로 대기업의 이익이 줄어들고 주식시장도 이를 반영할 것이다. 그
러나 이러한 경영철학의 변화가 중장기적으로 보면 지속 가능한 성장을 가능하게 할 것이다.

기업의 역할 확대되는 자본주의 4.0시대

"새로운 자본주의를 이끌어 갈 리더십은 아시아에서 나올 것입니다. 그리고 그 중심에는 바로 한국이 있습니다." 영국의 유력지 더 타임스의 에디터이자 '자본주의 4.0' 저자인 아나톨 칼레츠키(Kaletsky)의 말이다.

그는 '자본주의 4.0'에서 자본주의의 발전과정을 네 단계로 나누고, 앞으로는 지금까지의 자본주의 개념에서 벗어나 기업의 공익성이나 사회적 책임을 중시하는 신(新)자본주의가 등장할 것이라고 주장하고 있다.

현재 자본주의의 구조적인 모순과 한계에 대한 논쟁은 어쩌면 이제 시작에 불과할지도 모른다. 피로도가 매우 높아진 선진국 중심의 노후된 자본주의에 대해 학자들을 중심으로 한 반성의 목소리가 높다. 성장과 분배, 기업의 이윤추구와 사회적 책임의 조화, 금융산업의 올바른 기능과 역할, 소득불균형의 문제, 그리고 글로벌 불균형의 개선 등에 대한 해법추구 등이 모두 기존 자본주의 질서에 대한 문제제기와 연관되어 있는 주제다.

새로운 경제질서에 대한 시각은 현재 처해 있는 국가별 여건에 따라 저마다 조금씩 다르다. 어떤 나라는 부유세 도입을 화두로 소득불균형의 해소와 과세의 공평성에 초점을 두면서 이 문제를 논하고 있고 또 어떤 나라는 금융시장 핵심 헤게모니 관련자들의 탐욕과 이기적 행태를 심판의 도마에 올려 놓으면서 새로운 자본주의 질서를 논하고 있다.

한편 유럽의 경우는 새로운 역내 통화질서의 확립과 과도한 공공부채를 안고 있는 국가의 재정건전성 확보와 국민복지 사이에서 어떻게 균형점을 잡아갈 것인가를 논하면서 새로운 경제질서의 구축에 대해 고심하고 있다.

국가·기업·국민 모두 만족하는 '행복규범론' 나온다

하지만 어떤 입장에 서있든 그 공통점은 '사회정의'와 '무엇이 우리를 행복하게 하느냐에 대한 '행복 규범론'이다. 또한 공통점은 기존 자본주의 질서에서 누적된 모순에 대한 개선욕구에 관한 것이다. 물론 이런 유형의 '경제적 정의란 무엇인가'에 대한 답은 교실에서처럼 현실에서는 합의가 쉽지 않다.

건전한 성장을 위해서는 더 이상 방치하기 어려울 정도로 심화된 계층간의 갈등이나 소득 불균형, 기업의 사회적 역할에 대한 제도적 개선, 그리고 일부 금융 기득권자들의 탐욕에 대한 견제 등이 있어야 한다. 물론 이런 문제는 정치적 합의와 국민들의 갈등해소 과정을 거쳐 해결되어야 할 장기적인 과제다.

헷지펀드의 규제와 토빈세 등의 국제적 협의도 다시 활발해질 것이다.

전세계 서민과 대중들이 2012년에 이러한 자본주의 4.0에 대한 논의와 관심이 커질 수밖에 없는 것은 주요 10여 개 국가의 정권 재신임 내지 정권교체 일정이 한 해에 몰려있기 때문이다. 2008년 미국 금융위기로부터 최근 유럽사태까지 최근 3~4년간 드러난 선진국 경제질서의 모순과 피로감 또한 이러한 논의에 불을 지피는 요인이 될 것이다.

아무튼 2012년은 기존 경제질서 자체에 대한 반성과 사회여론의 급변, 정치권과 국민, 행정부 간의 갈등이 그 어느 때보다 심한 어수선한 한 해가 될 것이다. 특히 선진국이 그간 과도한 지위로 누렸던 것들을 더 이상 유지하기 어렵다는 측면에서 공평과 정의, 분배의 문제들이 속속 드러나고 있다.

이머징 국가의 역할·힘 커진다

자본주의 4.0이라는 표현은 언론을 자주 타면서 친숙해지고 있는 말이다. 자본주의의 변천사를 보면 자유방임적인 1.0시기와 큰 정부를 지향했던 2.0, 그리고 시장기능을 강조했던 신자유주의로 표현되는 3.0시대를 지나 글로벌 금융위기 이후 자본주의 4.0으로 진입했다는 것이 이를 제시했던 아나톨리 칼레츠키의 분류이다.

미국에서 나타났던 서브프라임 부실문제와 리먼브라더스의 파산으로 이어진 금융위기는 시장실패의 성격이 크다고 볼 수 있고, 최근 확산된 유럽재정위기는 그야말로 정부의 실패이다.
자본주의 4.0시대는 정부와 시장 모두가 실패할 수 있으며 때문에 상호간의 긴밀한 관계가 필요하다는 점을 강조한다. 거의 無에서 정부, 시장으로 변화된 것이 이제 융합으로 발전해 간다는 의미 정도로 볼 수 있을 것이다.
그야말로 있을 수 없을 것 같았던 초유의 경제위기를 경제위기를 지난 수년간 경험했다. 미국도 그리고 유럽도 자국 경제의 강점이라 할 수 있는 부문에서 위기가 확산된 격이어서 당혹스러움은 클 수 밖에 없다. 오랜 시간에 걸쳐 누적된 구조적인 문제들이 시장과 정부의 적절한 관계 설정을 통해서 해결될 수 있을지는 불분명해 보인다. 미국, 유럽 등 선진국은 어느 문제가 더 크게 터졌는가 일뿐 두 가지의 문제를 다 가지고 있다.

기업·정부·시장의 '융합'시대

선진국의 구조적인 문제들이 지나치게 시장, 혹은 정부 한쪽에 의존한 결과만으로 보기는 어렵다. 다른 측면에서 보면 지나치게 비대해진 몸집에서부터 많은 문제들이 파생되어 왔다.
지나친 몸집에 비해 인구는 노령화되며 활력은 떨어지고 있었다. 미국은 새롭게 집을 사줄 사람이 줄어들면서 많은 대출의 기초자산인 주택가격 하락은 불가피했고, 유럽의 높은 국가부채를 미래에 갚아줄 젊은 인구는 줄어들면서 빚으로 빚을 갚는 악순환에 빠졌다. 정부대신 기업이 같은 일을 담당했어도 해결할 수 있는 묘책이 없었을 것이다.

최근의 세계경제의 위기는 단지 자본주의 시스템의 변천과정의 산물이기 보다는 불균형 성장에 원인이 있다고 판단된다.

아나톨리 칼레츠키가 분류한 자본주의 1.0은 산업혁명을 통해 처음으로 서구사회가 제조업의 중심에 서는 계기간 된 시점이다. 생산성 확대로 늘어난 공급대비 부족한 수요 때문에 불황에 빠지면서 뉴딜 정책으로 대표되는 정부정책주도의 2.0의 시대로 자본주의는 변했다. 70년대 원자재 파동 등 경제위기를 겪으며 이머징의 몰락은 선진국이 저가 수입품 유입과 고가의 자국서비스 수출로 집중된 자본을 바탕으로 성장한 시점이 3.0시대라 할 수 있다.

4.0의 시대는 단지 자국 경제주체간의 협력을 통해서 도달하기는 어려워 보인다. 유럽이 중국에 손짓을 하는 것처럼 국가간 지역간 불균형을 해소가 더 핵심이라 생각한다. 협력하지 않으면 비이성적인 자본 이동이 다시 세계경제를 충격에 빠뜨릴 수 있다.

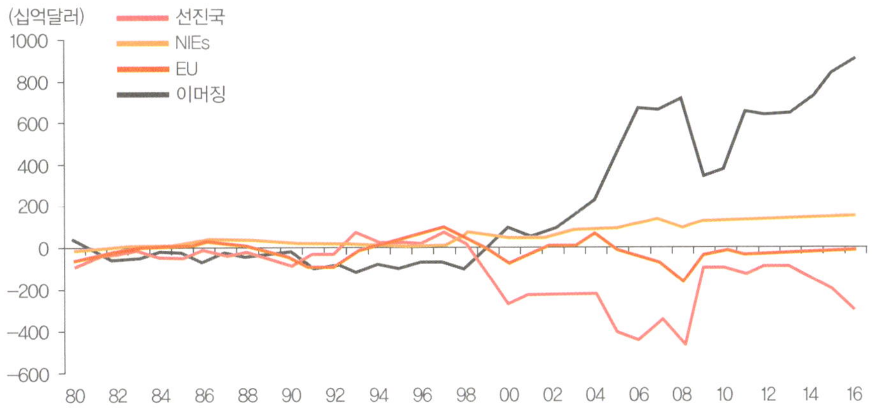

자료 : IMF, World Economic Outlook

일부 음모론적인 시각에서는 다시 이머징의 위기, 중국의 위기를 통해 선진국이 회복의 발판을 마련할 것이라는 견해도 있다. 하지만 동일한 과거의 반복 가능성은 낮다. 과거 이머징국가는 고성장하에서도 채무국이었다. 불완전한 자본축적 하에서 고도성장을 위해 선진국 자본에 의존도가 높았기 때문이다.

경상수지 〉 자본수지 가치의 역전 현상

현재 불균형을 만들고 있는 것은 자본수지가 아닌 경상수지이다.

경상수지와 자본수지의 차이는 매우 크다. 자본수지는 자본의 유입 이후에도 이자와 배당과 같은 현금의 유출입이 지속적으로 발생할 뿐 아니라 상환, 혹은 매각을 통해 재유출될 가능성이 높다. 그런데 경상수지는 이미 모든 거래가 끝난 후의 결과이다. 경상흑자로 벌어들인 돈에 대한 상환압력도 없다. 부채와 자산간의 차이라 할 수 있다. 때문에 자산가인 경상흑자 이머징 국가들은 선진국 입장에서는 매력적인 협력의 대상이다.

선진국 금융시스템에 대한 비판의 목소리 역시 변화에 대한 요구라 할 수 있다. 어떤 측면으로 보면 선진국 금융시스템의 발전은 부채의 확산(늘어난 부채를 사준 것은 경상흑자국들), 미래와 외국으로부터 차입(정부부채 증대) 등 채권자를 다양화하며 미국의 부채를 늘리는 과정이었다 할 수 있다. 이제 위기를 계기로 부채를 점진적으로 줄이는 구조적인 노력이 필요한 시점이다.

톰행크스 주연의 '로맨틱 크라운'이라는 영화에서 실직한 주인공이 경제학 수업을 들은 이후 주택담보 대출의 본질을 이해하면서 선택한 것은 담보물인 집을 은행에 넘기고 모기지 대출을 청산한 것이다. 대중들의 이해도가 떨어진 상태에서 얼마나 무분별하게 주택담보 대출이 이루어졌는지를 단적으로 보여주는 예이다. 그 상처가 아직 아물지 않은 자리에 미국 정부 부채 불확실성까지 가세해 미국은 그야말로 사면초가이다.

궁극적으로 미국 가계는 저축을 늘리고(소비 축소), 정부는 재정수지 개선(지출 감소, 혹은 세수증대)을 위한 노력이 필요하다. 이 과정에서 미국의 성장성에 떨어지는 것은 불가피한데, 이는 과거 적정 수준이상이 된 과열 경제의 비용이라 할 수 있다.

이제 관건은 이 비용을 얼마나 줄일 수 있을 것인제 초점이 맞추어질 것이다. 다른 파트너들의 협력 여부에 따라 그 비용의 크기와 저성장 기간은 차이가 크게 나타날 수 있다. 환율의 조정, 미국 채권에 대한 신뢰유지와 같은 것이다. 미국 경제 내부적으로 보아도 협력의 필요성은 그 어느 때보다 크다.

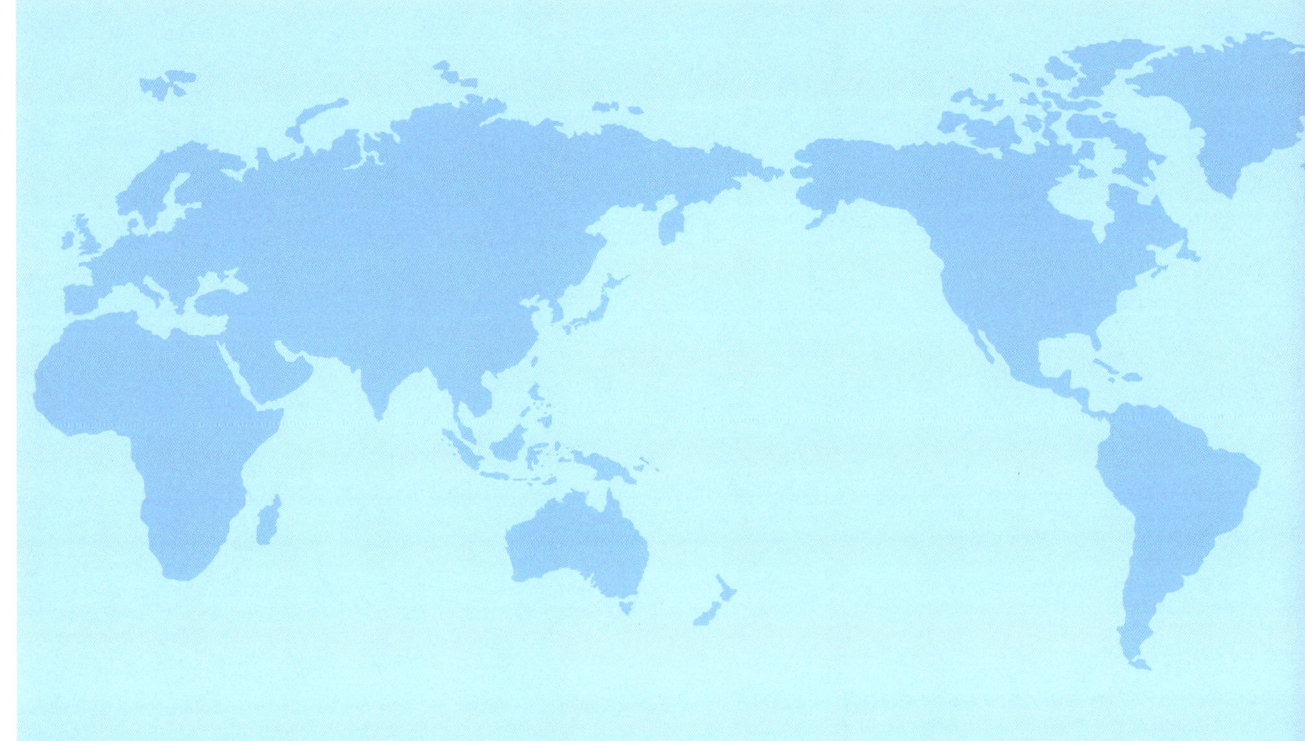

7 대체투자 전망

- ▶ 유가·금값 상승세 지속
- ▶ 2분기 이후 자산 교체 타이밍
- ▶ 등락없이 쉬어가는 해

유가·금값 상승세 지속

2011년 하반기에 유가 등 국제 원자재 가격이 안정세를 보였다. 미국과 유로지역 등 선진국의 경제성장이 둔화되고 있기 때문이다. 그러나 좀 더 멀리 보면 아시아를 중심으로 신흥시장 경제가 높은 성장세를 보이면서 유가는 상승세를 지속할 가능성이 높다.

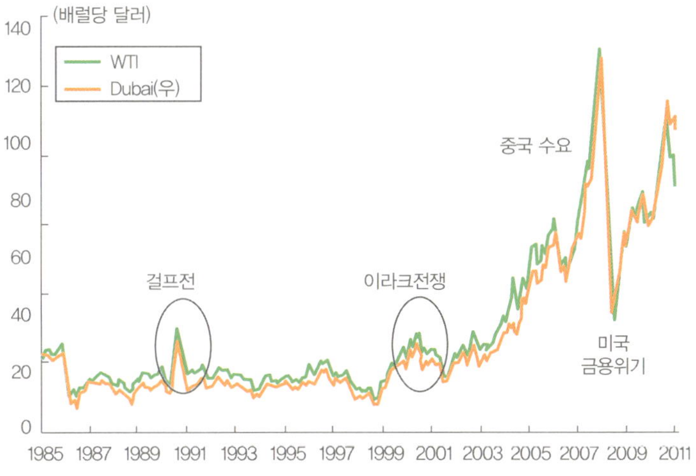

〈그림〉 이머징마켓 중심으로 세계경제가 성장하면서 유가 상승

자료 : Bloomberg

수요 증가로 유가 상승 지속 전망

2011년 4월 국제통화기금(IMF)은 세계경제가 지속적으로 성장하면서 원유 수요는 증가하는데

공급은 이에 미치지 못해 유가가 상승했고, 앞으로 더 오를 것이라는 보고서를 냈다. 필자가 원유 전문가가 아닌 만큼 IMF 보고서 내용을 요약하면서 유가 전망을 해본다.

우선 세계경제는 이머징마켓을 중심으로 높은 성장을 하면서 원유 수요가 늘고 있다. IMF에 따르면 원유의 (단기) 소득 탄력도는 0.68이다. 즉, 세계 1인당 국민소득이 1% 증가할 때 원유 수요가 0.68% 증가한다는 의미이다. 이 보고서에 따르면 한국, 대만, 중국의 소득 탄력도는 1에 근접한 것으로 분석되었다. 특히 중국의 원유 수요 증가는 유가 상승에 큰 영향을 미치고 있다. 중국의 원유 소비가 세계 수요에서 차지하는 비중이 2000년 6%에서 2010년에는 11%로 증가한 것이다.

반면 원유의 가격 탄력도는 마이너스(−) 0.02로 매우 낮다. 유가가 10% 상승했을 경우, 수요는 0.2% 감소에 그친다는 것이다. 운송분야가 원유 수요의 약 50%를 차지하고 있는데, 고유가가 지속되어도 아직 대체 에너지를 찾기는 쉽지 않다.

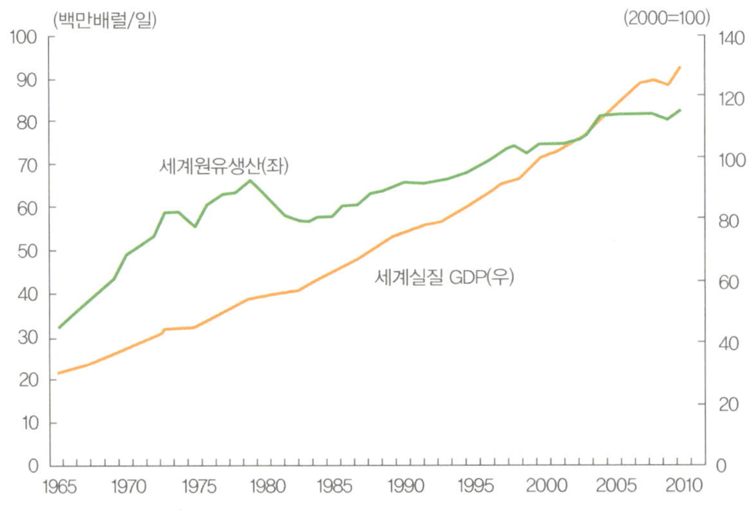

〈그림〉 수요 증가, 공급 위축으로 원유시장에서 초과 수요 예상

자료 : 세계은행, BP(IMF에서 재인용)

원유 공급은 정체

한편 2005년 이후 원유 공급은 거의 정체 상태에 있다. 1981~2005년 원유 공급은 연 평균(trend growth) 1.8% 증가했으나, 그 이후로는 거의 정체 상태에 머물고 있다. IMF는 2011~15년에 공급능력이 연평균 1.25~1.5% 증가할 것으로 예상한다. 러시아의 생산 감소, 투자와 생산의 시차(Time-to-build lags, 10년 이상), 1980년대 중반에서 1990년 후반까지 투자 감소에 따른 생산능력 축소, 원유 생산 비용 증가, 오염 및 환경을 고려한 투자 규제 등이 원유 생산 능력을 제약하는 요인으로 지적되고 있다.

실제로 원유 생산은 2005년 일산 8,126만 배럴에서 2010년에는 일산 8,201만 배럴로 5년 동안 0.9% 증가하는데 그쳤다. 반면에 이 기간 동안 세계은행에 따르면 실질 국내총생산(GDP)은 13.0% 증가했다. 수요 증가를 공급이 따라주지 못한 것이다.

수급불균형으로 유가 상승 전망

IMF는 2011~15년 연평균 세계경제성장률 4.6%, 소득탄력도 0.68, 가격탄력도 −0.02, 원유

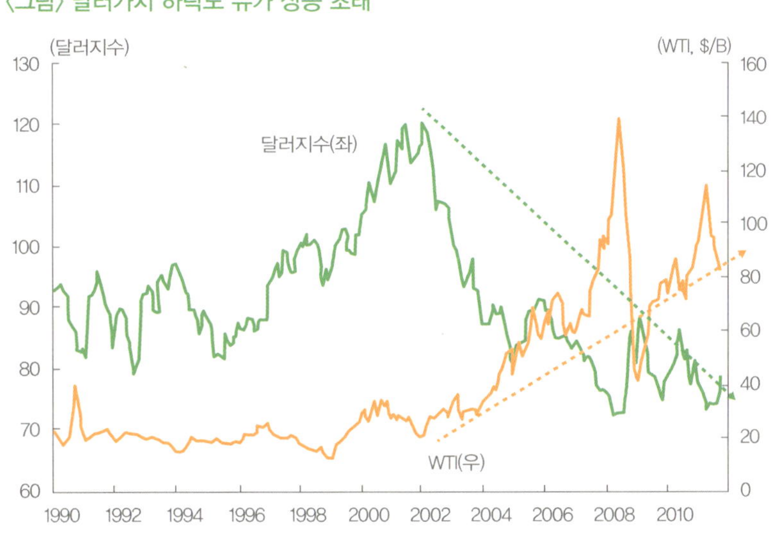

〈그림〉 달러가치 하락도 유가 상승 초래

자료 : Bloomberg, FRB

공급 연평균 1.5% 증가를 가정하면, 2015년까지 원유 시장이 균형을 이루기 위해서는 유가가 75% 상승해야 할 것이라고 주장하고 있다. 물론 공급 측면에서 충격이 없다는 전제하에서다. '유가 200 달러'시대를 경험할 수도 있다는 의미로 받아들여진다.

미국경제의 불균형 해소 과정에서 나타나고 있는 달러 가치 하락도 유가 상승 요인으로 작용하고 있다. 1990년 이후 이 두 변수 사이의 상관계수를 구해보면 마이너스(–) 0.70으로 역 상관관계가 매우 높다. 특히 2000년 이후로는 상관계수가 –0.87로 더 커져, 달러 가치 하락이 원유시장에서 수급불균형과 더불어 유가 상승에 크게 기여하고 있음을 알 수 있는 것이다.

2012년 유가 10% 안팎 상승

2011년 연평균 유가(두바이유 기준)는 배럴당 106달러로 2009년에 비해 36%나 상승했다. 2012년에도 앞서 살펴본 이유로 유가 상승세가 더 이어질 것으로 보인다. 특히 원유의 소득 탄력도가 높은 중국을 포함한 아시아 경제가 내수 중심으로 성장하면서 원유 수요가 증가할 것이다. 2012년 연평균 유가를 2011년보다 10% 상승한 배럴당 117달러로 전망한다.

금값 더 상승 전망

2011년 8월 온스당 2000달러까지 급등했던 금값이 9월 이후에는 큰 폭으로 하락했다. 2001년 이후 지속적으로 상승했던 금값이 이제 하락 추세로 전환된 것인가? 필자는 그렇게 생각하지 않는다. 최근의 하락은 단기 급등에 따른 반작용이고, 다시 중장기적으로는 상승 추세를 이어갈 것으로 내다보고 있다.

수요 측면에서 금값에 영향을 주는 요소들

단기적으로 금 공급량에 큰 변동이 없다고 가정하면, 금값은 수요에 의해 결정된다. 여기서는 미 달러가치, 국채수익률, 주가, 소비자물가, 통화량 등이 금 수요에 영향을 준다고 보았다.(물론 이외에 다양한 변수들이 금값에 영향을 준다. 여기서는 미국 변수를 중심으로 단순화했다.)

이들 각 변수에 로그를 취하고(국채수익률은 제외) 금값을 독립변수로 하여 회귀식을 추정했는데, 그 결과는 오른쪽 〈표〉와 같다.

글로벌 금융시장의 금융불안 빈도

	추정계수	t 값	유의수준
상수	−10.59	−2.00	0.05
미 달러지수	−0.55	−2.74	0.01
미 국채수익률(10년)	−0.03	−1.77	0.08
S&P500	0.02	0.27	0.79
소비자물가지수	1.69	1.68	0.09
통화(MZM)	1.17	3.05	0.00

주 : 1) 추정기간 : 1995. 1~2011. 9
　　2) $R^{**}2=0.99$, D−W=2.26

추정기간에 따라 추정계수 등이 약간 달라질 수 있지만, 통화량이 늘고 물가가 오르면 금값은 상승했다. 또한 달러 가치와 금값은 역의 관계가 있는 것으로 나타났다.

글로벌 유동성 증가로 금값 상승

2008년 미국에서 시작된 글로벌 경제위기를 극복하는 과정에서 주요 국가들은 돈을 많이 풀었다. 예를 들면 미국은 두 차례에 걸친 양적 완화 정책을 펼쳤고, 그 결과 통화량(MZM)은 2011년 11월 현재 10조 5904억 달러로 2007년 말보다 30%나 증가했다. 미국뿐만 아니라 유로 중앙은행도 통화정책을 신축적으로 운용했다. 여기다가 2011년에는 일본이 대지진 피해를 극복하기 위해 돈을 더 찍어냈고, 영국이 미국에 이어 양적 완화 정책을 채택하고, 스위스가 자국 통화 가치 절상을 막기 위해 통화량을 무한정 풀겠다고 했다.

2011년에는 물가 불안 때문에 중국 등 이머징마켓이 통화정책을 긴축적으로 운용했다. 그러나 2012년에는 물가가 안정될 가능성이 높기 때문에 이들도 통화정책을 신축적으로 운용할 것이다. 앞의 회귀식 추정에서 보았던 것처럼 돈이 많아지면 금값이 오른다. 2008년 이후 풍부한 유동성이 금값을 상승시켰고 앞으로도 그럴 가능성이 높다.

3~4년 후에는 물가 불안이 금값을 상승시킬 전망

1990년대 중반 이후 세계경제는 물가 안정 속에서 비교적 높은 성장을 해왔다. 이것이 가능했던 것은 미국을 중심으로 시작된 정보통신혁명이 생산성을 증가시켰기 때문이었다. 또한 중국은 낮은 임금을 바탕으로 전세계에 물건을 싸게 공급했다.

그러나 여건이 변하고 있다. 2005년 이후 생산성 증가세는 둔화되고 있다. 중국의 임금이 크게 오르고 있기 때문에 중국은 더 이상 세계에 물건을 싸게 공급할 수 없다. 중국의 국민소득이 증가하면서 이제 자기들이 생산한 것을 자기들이 소비하는 시대가 도래하고 있다.

여기에 앞서 살펴본 것처럼 각 국가에서 돈이 많이 풀리고 있다. 유명한 경제학자 밀턴 프리드만은 '인플레이션은 언제 어디서나 통화적 현상이다'라고 했는데, 돈이 많이 풀리면 결국 물가가 오른다는 의미이다.

현재 미국과 유로 지역의 경제가 잠재성장 수준 이하로 성장하기 때문에 물가 상승 압력은 거의 없다. 그러나 3~4년 후 미국 경제는 점차 잠재 수준으로 성장할 가능성이 높은데, 그 때는 물가가 불안해질 전망이다.

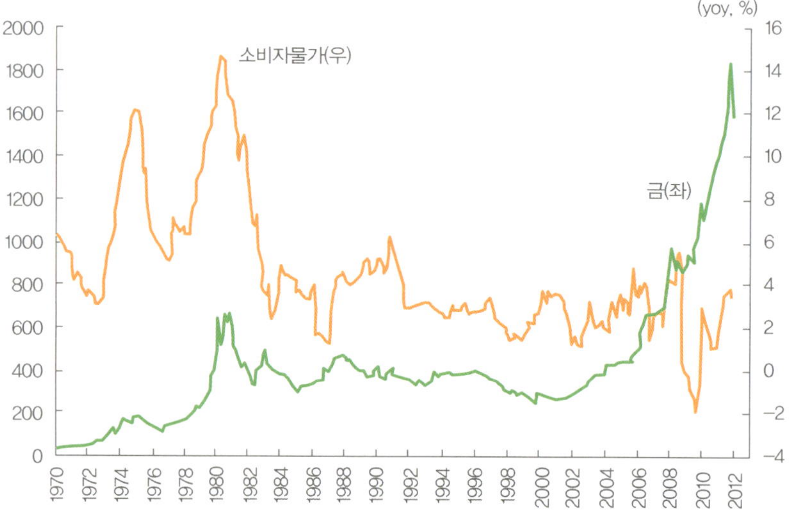

〈그림〉 미국의 소비자물가상승률과 금값 추이

자료 : Bloomberg

〈그림〉 달러 가치와 금값 추이

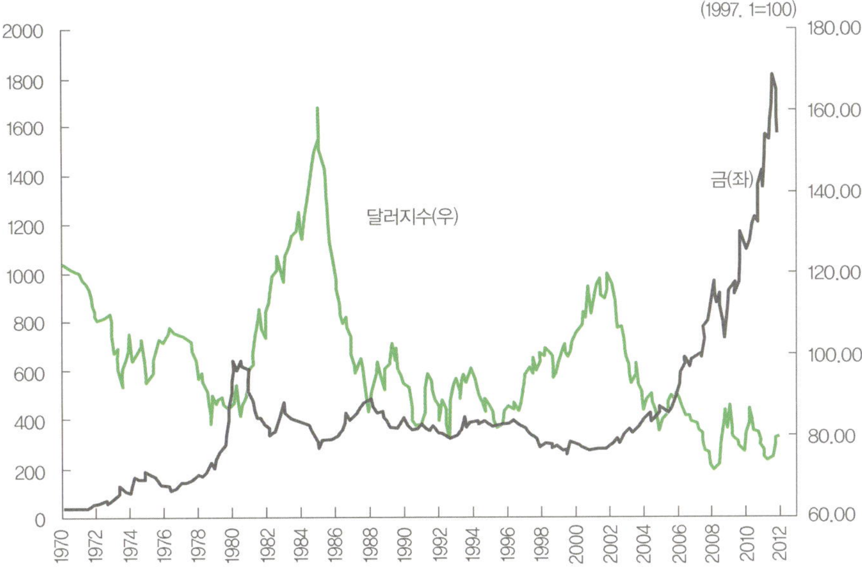

자료 : Board of Governors of the Federal Reserve System, Bloomberg

물가가 오르면 투자자들은 '인플레 헤지 수단'으로 금을 선호한다. 1970년대 1,2차 석유파동을 겪으면서 물가가 큰 폭으로 올랐고, 금값도 1977년에서 1979년 사이에 5배나 오른 경험이 있다.

달러 약세도 금값 상승 요인

달러 가치가 하락하면 금값은 상승하게 된다. 금값이 우선 달러로 표시되기 때문이다. 여기다가 금은 달러의 대체투자 수단이 되어왔다.

2002년 이후 미 달러 가치가 추세적으로 하락하고 있는데, 2012년 이후에도 중장기적으로 더 떨어질 가능성이 높다. 그 이유는 다음과 같다.

우선 미국 경제가 세계에서 차지하는 비중이 2002년 이후 지속적으로 감소하고 있다. 한 나라의 통화가치는 그 나라의 총체적 경제력을 반영한다.

둘째, 글로벌 경제의 불균형 해소 과정에서 중국의 위안화 가치는 오르고 미국의 달러 가치는 떨어지고 있다. 미국 가계가 디레버리징 과정에 있어서 소비가 부진하고. 돈 많은 기업도 잉여 공급 능력 때문에 투자를 크게 늘리지 않고 있다. 미국은 수출 주도의 성장 정책을 펼칠 수밖에 없다.

셋째, 각국이 보유하고 있는 중앙은행의 외환보유액 중 달러 비중이 축소되고 있고, 특히 중국이 미 국채를 더 이상 살 가능성이 낮다. 마지막으로 미국경제에 아직도 디플레이션 압력이 있고 고용 증가 속도가 느리기 때문에, 미 정책 당국이 당분간 완화적 통화 정책을 지속할 것이다.

이러한 이유로 2012년 이후에도 중장기적으로 달러 가치가 하락하고, 이는 금값 상승 요인으로 작용할 것이다.

2012년에 다시 2000달러 돌파 예상

앞서 살펴본 풍부한 유동성, 인플레이션 가능성, 달러 가치 하락 등으로 금값은 2012년에도 상승 추세에 있을 것으로 예상한다. 2012년 하반기에는 다시 온스당 2000 달러를 넘어서고 2013년에는 온스당 2300달러에 이를 가능성이 높아 보인다.

2분기 이후
자산 교체 타이밍

금융시장은 늘 사람들의 탐욕과 공포로 얼룩져 있고 그에 따라 자산가격의 거품과 역버블을 되풀이해 왔다.

지난 40년간 세계금융시장에서 변동성지수(환율, 채권, 주가의 변동성을 측정해 1 이상이면 심각한 변동성)가 1 이상인 쇼크는 모두 37번에 달했다. 이중 금융변동성지수 3 이상의 이른바 초강력 금융지진파는 과거 수 십 년간 평균 3년에 한 번 꼴로 세상을 강타했다. 다시 말하면 평균적으로 거의 매년 한번씩 금융위기가 닥치고 있고 이중 끔찍한 대형사건은 올림픽 주기보다도 더 자주 터져 왔다는 사실이다.

아주 예전에는 한 나라의 사건사고가 그저 그 나라에 국한된 재앙이었을 뿐이었다. 하지만 세

글로벌 금융시장의 금융불안 빈도

기간(40년 간)	심각한 불안 빈도(횟수)	심각한 불안 지속기간(개월)
1969~1978년	4회	8.5개월
1979~1988년	16회	6.8개월
1989~1998년	6회	8.0개월
1999~2008년	11회	4.9개월
계(평균)	총 37회(0.9회/연)	평균 5.3개월

자료 : 삼성경제연구소, 창립 22주년 기념심포지엄, 유정석 강성원 : 금융불안정지수가 1 이상이면 심각한 금융불안정으로 정의

계가 금융과 실물로 통합되고 정보가 공유되고 빠르게 유통되는 오늘날 현실에서는 한 나라의 사건사고가 금융시장의 수맥을 타고 전세계에 쇼크로 여과 없이 작용하게 되어있다.

예전 같으면 모르고 지나갔을 일들이 세계 금융시장의 변동성을 키우고 지구 저편의 일들이 전염병처럼 지구를 순식간에 한 바퀴 돌아 금융시장을 쑥대밭으로 만들 곤 한다. 모든 형태의 국지성 쇼크는 재앙의 승수경로를 타고 금융시장의 블랙박스를 거쳐 전세계에 예상치 못한 파장을 일으킨다. 즉 위기의 전염성과 증폭성이 너무 높아진 것이다. 현재 진행 중인 유럽사태를 포함해 앞으로 다가올 모든 국가의 경제현상이나 사건사고는 세계경제와 금융시장에 변동성을 더해주고 2차, 3차 쇼크로 연결될 소지가 높아졌다. 실제로 자산가격은 과거보다 점점 더 파행적인 흐름을 연출할 것으로 보인다.

그렇다면 이러한 변동성에 우리는 앞으로 어떻게 대응을 해야 할까? 시시때때로 주제와 모양이 바뀌는 이 '위험천만한 시대'에 우리가 보고 지켜야 할 진정한 중심은 무엇일까?

앞으로 시장의 위험빈도가 더욱 잦아지고 그 강도가 더욱 세질 가능성도 높은데 이러한 환경 속에서 점점 중요해지는 것은 위험을 잘 관리하는 일이다. 금융시장에서 위험관리 원칙으로는 잘 아는 것에 한해 투자할 것, 투자한 상품의 최대위험과 위험의 본질을 잘 알고 있을 것, 가능한 위험을 헷지할 수 있는 만큼 헷지할 것 등이다. 또한 예측할 수 있는 것과 없는 것을 구분하고 예측할 수 있는 일에 좀 더 노력을 기울이는 것도 한 방법일 것이다. 자산관리의 원칙을 나름대로 분명히 세우고 가능한 원칙 있는 의사결정을 하는 습관도 위험관리에 도움이 된다.

하지만 무엇보다 중요한 것은 주기적으로 다가올 시장의 위험을 현실로 담담히 받아들이고 그 위험을 대비하는 정도를 뛰어넘어 오히려 그 위험을 적극적으로 자산관리에 역이용하는 자세가 반드시 필요하다.

자산관리는 때로는 '역발상' 필요

글로벌 증시는 유럽문제의 대원칙 합의시점까지 1차 상승, 이후 세부 실무합의과정에서의 일시 조정, 그리고 관련주체 간 완전합의 및 은행건전화 작업완료 시점부터 2차 본격상승이라는 강약강의 패턴이 유력해 보인다. 유럽위기 해결을 위한 세부정책들의 합의시점을 새해 초까지로 보았을 때 달러약세와 더불어 상품가격 및 신흥국의 주가를 크게 띄우는 유동성장세는 이르면 2/4분기 이후가 유력해 보인다. 투자자들은 새해 미 달러화와 역의 상관관계에 있는 자산군을 점차 주목해야 한다.

글로벌 유동성은 원래 오랜 기간 누적된 미국의 경상수지 적자와 달러살포, 중국 등 무역상대국의 외환보유고 증대, 여전히 고착화되어 있는 글로벌 불균형이란 메커니즘에서 이해되어야 한다.

2011년 연간 세계자금흐름은 2007년 미국 금융위기 직전의 약 20조3000억 달러(추정)보다 크게 줄어든 8조6000억 달러로 추산된다. (세계 연간 자금흐름은 직접투자, 포트폴리오투자, 은행대출의 합계로 outflow를 포함해 이를 2배 규모로 추정한 것임) 하지만 이는 여전히 하루 236억 달러(약 30조원)에 달할 만큼 위력적인 규모의 자본이다. 더욱이 미국의 저금리정책과 양적완화정책, 뒤이어 진행되고 있는 유럽의 저금리와 양적완화정책은 이러한 글로벌 유동자금을 더욱 증강해주고 있다.

경제위기때 대체자산 가치 폭등

글로벌자산은 항상 두 편으로 나뉘어져 움직인다. 즉 미 달러화와 엔화, 스위스프랑 등 안전지역의 통화와 이들 지역의 국채라는 1그룹 자산과 신흥국 주식과 원유 등 상품시장으로 대변되는 2그룹자산이다.

글로벌 금융자본은 이 두 그룹을 넘나들며 시소게임을 즐긴다. 현명한 투자자는 이 양대 자산의 힘의 변화를 간파해 투자의 맥을 찾기도 한다. 또 현명한 사람들은 이 양대 자산 간의 미세한 대체와 변화를 통해 세상의 변화를 이해하고 힌트를 얻는다.

안전자산과 위험자산의 경계선에는 늘 트리거(계기와 촉매)가 있다. 경기의 대침체나 글로벌 경제 및 금융시장에 충격을 주는 여러 가지 이벤트가 바로 그것이다. 위험의 노출, 확산, 위험자산의 투매, 안전자산으로의 급격한 쏠림, 그로 인한 지나친 가격왜곡, 그 다음 위험요인의 진정 및 해소, 반대로 안전자산에 대한 투매시작, 위험자산으로의 급격한 반대 쏠림 현상, 지나친 가격왜곡 등의 순환이 반복된다. 안전자산과 위험자산은 그 어느 쪽도 항상 균형가격에 머물고 있는 법이 없다. 내재가치에 비해 고평가와 저평가를 반복하면서 가격을 뒤흔든다.

금융자본의 발달은 이러한 가격변동을 더욱 심화시킨다. 국제 투기꾼들은 위기가 있는 곳이면 어디든 재빨리 달려가 온갖 방법으로 시장가격을 교란하고 이기적으로 자신들의 이익을 극대화한다. 당장 미국이 출구전략의 시동을 걸지 않는 한 그간 누적된 유동성은 각국 증시는 물론 원유 등 상품시장, 그리고 환율시장과 국채시장을 넘나들며 가격을 뒤흔들 것이다. 물론 좋은 주식을 꾸준히 사는 외국인도 있지만 그들의 투자행위를 합친 전체적인 자본 플로우는 반드시 그렇지 않다. 신흥국 주식과 채권가격은 안전자산(달러, 스위스프랑, 엔화, 금)과 반대방향으로, 상품가격과 순방향으로 움직일 수밖에 없다. 저평가된 주식이나 우량 성장기업을 중심으로 장기간 보면 외국인 매수세는 일정한 방향성과 일관성을 나타내지만 주식시장 전체나 짧은 기간만 잘라 봐서는 반드시 그렇지 않다.

2012년에도 안전자산과 위험자산의 대결은 그 어느 때보다도 치열할 것이다.

유럽위기가 단기적으로는 금융위기일 뿐이지만 그 장기적인 본질은 결국 '경기위기'다. 올해 불거진 재정위기를 계기로 유로존은 향후 더욱 깊은 무기력증에 빠져들 확률이 높아졌다. 건전재정을 위해 허리띠를 졸라매야 하고 경기회복을 위해 쏟아 부을 여력도 예전 같지 않기 때문이다. 따라서 앞으로 세계 금융시장의 운명은 선진국 전반의 만성 경기부진과 이에 맞서는 신흥국의 역할에 따라 달라질 것이다.

하반기에 자산교체 바람 불 듯

이런 와중에 중국의 대외수출이 둔화되는 등 선진국 재정위기에 신흥국경제가 위협을 받는 것은 긴장할만한 일이다. 하지만 필자는 선진국의 경기시련으로 인해 받을 신흥국경제의 성장탄력 둔화가 실제로는 제한적일 것이라 본다.

우선 선진국이 더 잃어 버릴 게 그리 많지는 않다는 점에 주목한다. 또한 수입시장으로서 유럽은 역내수입이 60%에 달하고 아시아로부터의 수입액은 13% 정도이다. 유럽경기 둔화가 실제 아시아국가의 수출에 주는 충격은 제한적이다.

또한 기초과학기술과 서비스산업의 경쟁우위를 지니고 신흥국에 더 많은 물건을 파는 선진국들은 나름 최소한의 잠재성장률을 지킬 것이라 본다. 한편 신흥국은 내수중심의 자체 성장동력이 빠르게 강화되고 있고 선진국의 제한된 경기로 말미암아 인플레이션에 브레이크를 밟을 수 있게 되었다. 이런 점들이 글로벌 증시가 향후 점점 더 이탈리아 위기 그 자체보다도 글로벌 실물지표와 신흥경제권의 뉴스나 정보에 더 민감하게 반응하게 되는 이유다.

이와 같은 관점에서 보면 2012년 안전자산과 위험자산간의 시소게임은 대략 그림이 그려진다. 즉 이탈리아를 중심으로 한 재정위험 해소를 위한 정책적 불확실성이 가장 높을 연초까지는 위험자산 회피현상이 지속될 것이다. 달러강세와 금값 상승, 엔화강세가 좀 더 이어질 수도 있다. 이후 유럽재정위기 위험이 일단락되고 실물경기에 대한 하방위험이 제한적이라는 가정 하에 2/4분기부터는 지나치게 고평가된 안전자산을 팔고 값이 싸진 위험자산을 사려는 수요가 크게 늘 것으로 보인다.

미국 국채금리가 오르고 달러화는 약세로 기울고 신흥국 통화는 강세로 전환될 것이다. 신흥국 주가가 강세를 보이고 국제유가가 다시 힘차게 치솟는 시점도 2/4분기부터일 가능성이 높다.

물론 지구촌 전체의 경기침체 위험이 예상보다 클 경우에는 안전자산과 위험자산의 구분이 모호하고 그저 제한적인 범위 내에서 양쪽 자산이 기술적인 등락만 반복하는 답답한 횡보를 나타낼 것이다.

그러나 미국경제는 기대보다 양호하고 중국경기 둔화가 제한적이라고 보기 때문에 실물과 금융(유럽재정위기) 양면에서 위험이 감소하는 신호가 발생하면 위험자산으로의 쏠림 현상이 나타날 것이다.

한편 금 가격은 장기적으로 상승세를 나타낼 것이다. 우선 중국이 자국의 외환보유고 내에 적정규모의 금 보유를 위해 금을 꾸준히 사들일 것이기 때문에 근원적인 금 수요가 존재한다. 미 달러화가 장기적으로 힘을 잃을 것이란 관측을 완전히 떨쳐버릴 세계 중앙은행과 국부펀드는 없을 것이다.

하지만 필자는 그 속도가 비교적 더딜 것으로 본다. 왜냐하면 미국 달러화가 당장 힘을 잃고 단시일 내에 국제통화질서가 바뀌지는 않을 것이기 때문이다. 환율이란 누가 누가 덜 못나느냐의 문제일 수도 있다. 미국이 지닌 잠재성장률이 다른 지역, 다른 국가에 비해 아직 우월하다고 보기 때문이다. 이민정책을 통한 인구구조의 안정성, 달러화의 국제통용성, 관습적 요인, 미국의 국방력, 기초 과학기술의 역량, 첨단산업의 핵심기술과 특허, 에너지 및 자원보유 등 미국이 지닌 무형 유형의 경쟁력은 무시할 수가 없다. 달러화를 대체할 대안도 당분간은 마땅치가 않다. 선진국 가운데 장기적으로 국가신용등급이 가장 높게 유지될 국가 또한 미국이라 본다.

중국 위안화가 국제통화로서의 적절한 위상을 갖는 데에는 지금부터 많은 시간이 소요될 것이다. 중국경제가 좀 더 내수중심의 국가로 발 돋음 해 있어야 하고 외환자유화와 함께 글로벌 금융시장의 중심이 되어 있어야 한다. 기축통화의 조건에 단지 실물경제의 힘만 있는 것은 아니다. 강력한 실물경제는 기축통화의 필요조건이긴 하지만 필요충분 조건은 아니다.

이밖에 기업, 금융, 외환시스템 등 모든 면에서 글로벌 기준을 주도할 역량을 갖춰야만 통화의 헤게모니를 쥘 수 있다.

등락없이 쉬어가는 해

유 럽 재정위기가 다시 확산된 이후 원자재 가격 상승세는 주춤해졌다. 원유를 비롯한 원
자재 가격의 높은 상승세는 지난해 상반기까지만 해도 세계경제의 가장 큰 위협요인중
하나였다. 금융 시장 불안을 계기로 원자재 가격이 조정을 받은 이후 원자재 가격은 상품별로
차별화되는 경향이 나타났다. 이전이 무차별한 상승 측면이 강했다면, 이후에는 수요가 탄탄
히 뒷받침되는 원자재 반등이 더욱 강했다.

이런 차별화는 원자재 가격형성에 있어 금융시장적인 요인이 약화되었기 때문에 가능했다. 금
융불안이 확대됨으로써 소위 투기적 수요라 하는 금융시장에서의 원자재에 대한 수요는 잠잠
해졌다. 위험자산에 대한 투자심리가 후퇴한 것과 차입투자가 더 어려워졌기 때문이다.

주요 원자재 성격별로 가격추이는 차별화되고 있다

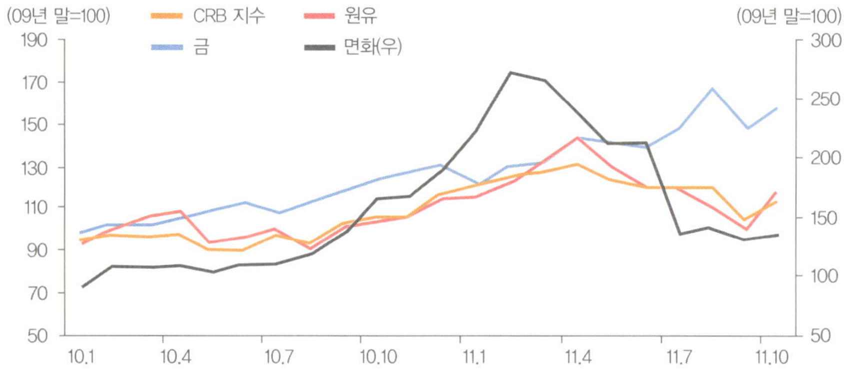

자료 : Bloomberg

실제 원자재 가격추이를 통해보면 2011년 상반기를 고점으로 전반적으로 하향 안정화된 이후 2011년말부터 다소 회복되고 있다. 이는 CRB지수로 대표되는 원자재 종합지수 추이에서도 확인할 수 있다. 한편 꾸준한 상승세를 이어가는 금과 같은 경우와 면화처럼 쉽게 회복되지 못하는 경우로 대비되기도 한다.

원자재 가격에 영향을 주는 변수는 수요를 좌우하는 세계경기 여건, 금융시장 요인, 그리고 공급안정성으로 크게 분류할 수 있다. 세계경제는 전년과 비슷한 수준의 완만한 성장에 그칠 것으로 예상되는 만큼 수요가 큰 폭으로 늘어날 요인은 많지 않다. 따라서 수요요인이 원자재 전반의 가격을 끌어올리기는 힘들어 보인다. 글로벌 경기라는 강한 동력이 작용하지 않는다면 원자재가격의 동반 상승은 어렵다.

원자재보다 금융시장 요인이 변수

원자재 가격에 영향을 미치는 또 다른 변수는 금융시장 요인이다. 미국은 이미 2011년까지 대규모 유동성을 공급한 이후 이를 당분간 유지하기로 했다. 추가적으로 돈이 더 풀릴 수 있는 원천은 유럽이다. 이탈리아 등 남유럽 국가전반으로 금융위기가 확산되는 것을 방지하기 위해 충분한 유동성을 공급할 필요성이 높아졌기 때문이다. 여기에 중국을 비롯한 이머징 국가에서 자국 경기 부양을 위한 긴축적인 통화정책 완화에 나설 가능성이 높아졌다. 유동성이 늘어나고, 그 결과 금융불안이 해소되면 위험자산에 대한 선호도가 높아지는 만큼 원자재로 투기적 수요가 다시 늘어날 여지는 커 보인다.

따라서 원자재 실물수요보다는 금융시장 요인에 의해 가격이 더 민감하게 움직일 여지가 크다. 이런 상황에서는 원자재 가격은 실물경기에 선행할 가능성이 크다. 향후 경기가 회복될 가능성이 높아지는 만큼 이를 겨냥한 투자가 먼저 늘어나면서 원자재 가격을 올릴 것이기 때문이다. 주식, 채권 등 금융시장은 당연히 유동성의 크기에 영향을 많이 받을 수 밖에 없지만, 원자재 역시도 실물수요보다 유동성의 흐름에 의해 가격이 더 큰 영향을 받을 것으로 예상된다.

금, 달러보다 여전히 매력적

원자재 중에서 가장 큰 관심의 대상은 먼저 금 가격이다. 높은 금가격은 금리 인플레이션을 피할 수 있는 성격뿐만 아니라 달러를 대체할 수 있는, 위기로부터 자산가치를 보전할 수 있는 수단이라는 점이 부각되었다. 향후 이러한 매력은 다소 약화되어도 금 가격이 크게 반락하지는 않을 예상이다. 달러에 대한 신뢰 약화는 엄청나게 발행한(금융위기 이전대비 본원통화 발행량은 2.4배에 달함) 달러 때문이다. 여기에 유로존까지 통화발행 확대에 나서면 금은 달러뿐만 아니라 유로화 자산을 대체하는 수단으로 부각될 수도 있다.

선진국 통화는 상호 대체가 어려울 만큼 서로 더 나을 것이 없다. 돈을 상대적으로 적게 찍어낸 엔화가 부각되었지만, 이미 이를 반영할 만큼 엔화가격은 올라있다. 비선진국 통화나 금이 선진국통화 표시 자산을 대체할 수 있는 수단이라는 인식은 여전할 것으로 예상된다.

국제 원유 가격은 회복이 예상되지만 초강세를 보이기는 어렵다. 유류 소비가 많은 선진국 경기가 쉽게 부진에서 벗어나지 못할 예상이며, 중국의 유류 수요 역시 과거처럼 크게 증가하기는 어렵기 때문이다. 중국의 유류수요 부진은 완만한 둔화가 예상되는 경제성장세뿐만 아니라 에너지에 대한 보조금 정책 변화의 영향도 크다. 과거 유가가 배럴당 140달러를 넘어갈 때에 중국 정부는 보조금을 통해 실질적으로 배럴당 80달러대를 유지시키는 정책을 썼다. 때문에 유가의 고공행진에도 중국의 유류수요는 별로 줄지 않았다.

그런데 지난해에는 중국정부는 이와 대조적인 정책을 써서 보조금을 통한 유가안정에 적극적이지 않았다. 현재 중국 소비자는 실질적으로 사상최고치의 유가를 경험하고 있다. 2011년말의 중국 휘발유 소매가격은 국제원유가격이 배럴당 140달러를 넘었던 2008년 7월보다도 20%나 더 높다. 이미 높은 유가를 체감하고 있는 가운데 가격이 더 올라간다면 중국에서도 유류소비 감소는 불가피하다. 우리의 경우도 유가가 일정 수준 이상으로 상승할 경우 거리의 차가 현저히 줄어드는 것과 마찬가지로 이제 중국도 소위 '수요의 법칙(가격이 상승하면 수요는 감소한다)'이 통하는 국가이다.

유가 배럴당 120달러 돌파 힘들듯

이런 상황을 감안하면 세계경제가 낙관적인 시나리오를 따라 회복세를 보여도 국제유가가 배럴당 120달러인 전고점 수준을 넘어서는 것은 쉽지 않아 보인다. 더욱이 지난해에는 리비아 등 중동지역의 원유 공급이 원활하지 못했지만, 2012년에는 리비아의 원유공급이 정상화되며 유가 안정요인으로 작용할 것이다. 중동의 정치불안과 같은 공급불안요인이 재개되지 않는다

중국의 달라진 유류 보조금 정책

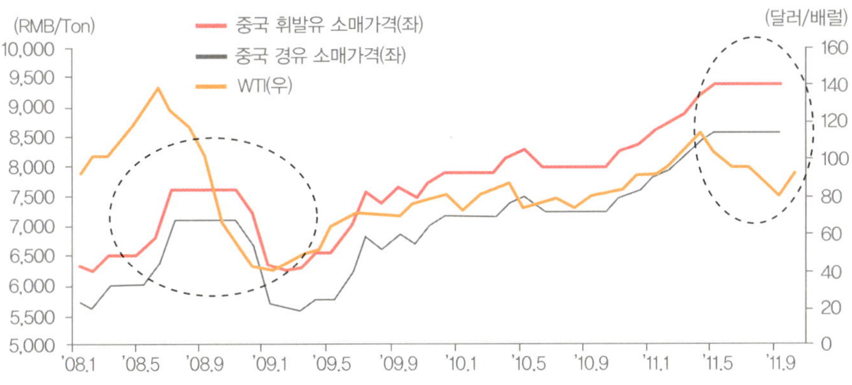

자료 : CEIC

면 국제유가는 배럴당 100~110달러 범위를 크게 이탈하지는 않을 것으로 보인다.

다른 원자재 가격추이도 국제유가 흐름과 크게 다르지 않아 보인다.

주요 전망기관들은 2011년말 국제상품가격과 2012년말 가격이 거의 유사할 것으로 전망하는 비중이 높다. 가격수준이 이처럼 정체되면 전년대비 물가상승률은 현저히 낮아지곤 한다. 비교년도 물가가 높아 상승률도 낮아지고 물가에 대한 적응력이 생겨 체감도 역시 낮아지기 때문이다. 이런 상황이 장기화되지는 않을 것이다.

경기는 하반기 이후부터 회복으로 방향을 잡고 여전히 원자재 소비가 높은 이머징 국가의 성장속도가 높다. 긴 그림에서 인플레이션은 지속될 가능성이 높다. 어찌 보면 2012년은 장기적인 인플레이션 환경에 적응하기 위한 쉬어가는 한해 정도라고 성격을 규정할 수 있겠다.

8 | 가계부채 괜찮을까

- ▶ 위기가능성 낮지만 저소득층 고통 가중
- ▶ 중국경제·부동산 시장이 열쇠
- ▶ 부채 > 자산 악순환 구조로 진입

위기가능성 낮지만
저소득층 고통 가중

2장_8대 특수 소개치 | 김영익

우리나라 가계 부채는 가처분소득에 비해서 매우 높다. 예를 들면 우리나라의 가계부채대비 가처분소득이 2009년에 153%로 OECD 평균인 135%를 크게 상회했다. 그러다 다행스럽게도 최근 가계의 금융자산이 늘고 있다. 특히 개인 부문의 자금잉여가 늘고 있기 때문에 소비가 어느 정도 증가할 수 있을 것이다.

그러나 가계 부채를 미시적으로 분석해보면 문제가 많고 정책적으로 증가 속도를 조절할 필요가 있는 것도 사실이다.

가계 부채 부실화 가능성

2011년 9월말 현재 우리나라 개인들이 가지고 있는 금융부채는 1071조원에 이른다. 이중 비영리단체를 제외한 가계 부채는 893조원이다. 2010년 말 847조원에 비해 9개월 사이에 46조원이나 증가했다. 한국은행의 금융안정보고서(2011.10)에 따르면 최근의 가계 부채 증가는 주택구입보다는 주로 생활형 자금 증가에 기인한다. 가계대출 중 생활형 대출 비중이 2008년 상반기에 42.1%였으나, 2011년 상반기에는 48.4%로 증가했다. 가계의 소득 여건이 개선되지 않은 상황에서 전세가격이 크게 오르고, 물가 상승에 따라 생활비도 증가했기 때문이다.

앞으로 문제는 가계 대출이 부실화할 가능성이 높아지고 있다는 것인데, 이는 다음 세 가지로 요약할 수 있다.(금융안정보고서, pp.33~39)

첫째, 취약 계층의 원리금상환 부담이 늘고 있다. 우리나라 4대 시중은행의 수도권 지역 주택담보 대출을 기준으로 했을 때, 2011년 6월말 현재 원리금상환중인 대출비중이 22.0%로 2010년 말(17.7%)보다 상당 폭 높아졌다. 은행들의 비거치식 주택담보대출 확대에 따라 이 비

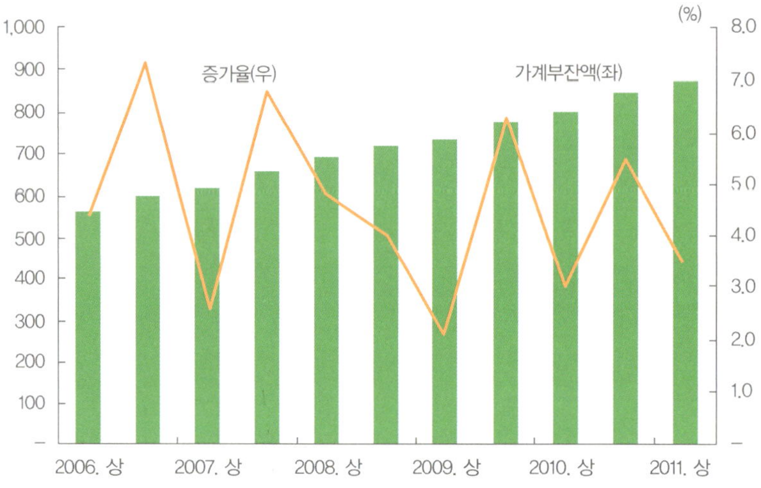

중은 앞으로 더 빠른 속도로 늘어날 것으로 보인다.

원금 상환이 시작되면서 연체율이 증가하고 있다. 연체 대출 가운데 45.6%가 원금상환이 시작된 후 10개월 이내에 연체가 발생하고 있다. 또한 부채상환 능력이 없으면서 이자만 납부하는 사람들의 주택담보 대출잔액의 만기가 2011년 하반기에서 2012년 중 34.8%가 도래 한다. 만약 주택 가격이 급락하거나 금리가 상승할 경우 원리금 상환부담을 견디지 못해 주택을 낮은 가격에 매각(fire sale)하는 현상도 나타날 수 있는 것이다.

둘째, 비은행권 금융기관의 대출 증가도 문제로 지적된다. 2010년에서 2011년 상반기에 은행 대출이 8.5% 증가했으나 비은행권 대출은 17.9%나 늘었다. 문제는 이자부담이 는다는 것이다. 2011년 6월 현재 은행의 신용대출금리는 평균 9.8%인데 반해 비은행권 대출금리 24.4%로 매우 높은 수준이다. 또한 신용등급이 낮은 사람들이 비은행권을 찾게 되는데, 신용등급이 중하위(5~10등급) 계층의 비은행권 대출비중이 2011년 6월에 56%를 차지하고 있다.

마지막으로 저소득자에 대한 대출이 증가하고, 이것이 부실 확대로 이어질 수 있다. 2011년 6

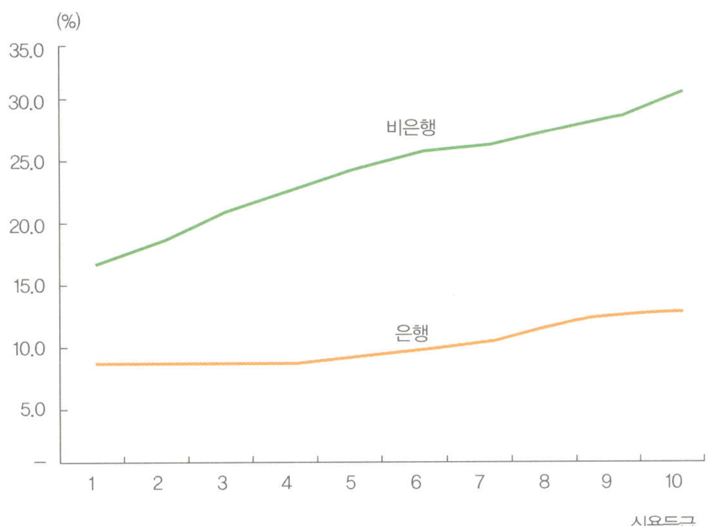

주 : 은행은 4대 시중은행 기준(2011. 6),
　　　비은행은 상호저축은행과 여신전문금융기관 평균(2011. 9)
자료 : 한국은행, 금융안정보고서(2011. 10)

월말 현재 연소득 2000만원 이하 저소득계층에 대한 대출잔액이 전체 대출에서 차지하는 비중 12%이다. 아직 높은 수준은 아니지만 빠른 속도로 증가하고 있다. 2010년에서 2011년 상반기 대출 증가에서 차지하는 저소득층의 비중이 37%였다. 이는 정부의 서민금융지원 확대 정책 때문이기도 하지만, 보다 근본적으로 가계수지 악화로 인해 생활형 차입 수요가 증가한데 그 원인이 있다. 은행권에서 신용등급이 1등급에 해당하는 사람들의 신용대출 이자율은 8.2%이지만, 10등급은 12.6%이다. 신용등급이 낮은 사람들은 비은행권 금융권을 찾고, 특히 10등급에 해당하는 사람들은 31.1%라는 높은 이자를 부담해야 한다.

한국경제연구원의 보고서("가계부채 현황 및 추이와 시사점", 이소영, 2011.3)에 따르면 금리가 1% 포인트 상승했을 경우, 소득 1분위 순금융부채 보유가구는 가처분소득의 5.4%에 해당하는 소득이 감소하고, 65세 이상의 순금융부채 보유가구는 가처분소득의 4.2%가 줄어든 것으로 나타났다.

대규모로 부실화 가능성은 낮아

가계부채의 절대 금액이 늘고있어 질적으로도 부실화 가능성이 높다. 그러나 적어도 1~2년 이내에는 가계 부실이 현실화하여 위기를 초래할 가능성은 낮다. 그 근거는 다음과 같다.

첫째, 통계청의 2010년 가계금융조사에 따르면 우리나라 가계 부채의 87%를 중상위 계층(3~5분위)이 가지고 있다. 특히 소득이 가장 높은 5분위에 해당하는 가계가 부채의 51%를 가지고 있다. 이들은 어느 정도 부채 상환능력이 있는 가계다. 우리나라에서 부채를 가지고 있는 3~5분위 소득계층의 원리금상환부담률(=원리금상환액/소득금액)이 2010년에 10%이다. 미국이 금융위기를 겪기 바로 직전 해인 2007년에 19%였다.

둘째, 아직도 주택담보 연체율은 위험한 수준이 아니다. 2011년 6월 현재 연체율은 0.7%로 2009년 12월말 0.3%에 비해서 상당 폭 올라 갔으나, 미국의 2.2%(2011년 6월)에 비해서는 상대적으로 낮다.

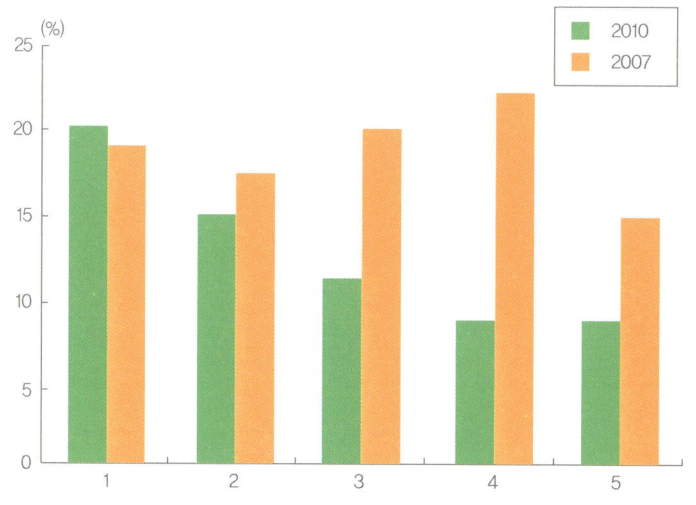

〈그림〉 한국과 미국의 소득계층별 원리금상환부담률 비교

자료 : 통계청, 가계금융조사(2010), FRB Survey(2007)

셋째, LTV(담보인정비율)도 47%(2011.7)로 비교적 낮다. 영국, 미국 등 선진국은 60~80% 수준이다.

그러나 중장기적으로 가계부채가 적절히 관리되지 못하면 우리도 가계부채 위기를 겪을 수 있다. 은행권이 가계 대출을 억제하면서 이자 부담이 높은 비은행권으로 대출 수요가 늘고 있다. 이에 따라 다중채무자가 증가하고 원리금상환부담도 늘고 있다.

현재 우리나라 금리는 적정 수준에 비해서 낮고 앞으로 상승할 가능성이 높다. 이 경우 저소득층이 겪는 고통은 클 것이다.

여기에 미국이나 일본 사례를 보면 35~55세 인구 비중이 감소했을 때 주택가격이 하락하기 시작(일본 1990년, 미국 2006년)했는데, 우리나라의 경우는 2011년이 이 인구비중의 정점이었다. 주택 가격이 일본처럼 급락할 가능성은 낮지만 중장기적으로 하락국면에 접어들면 가계부채 문제는 심각하게 드러나고 우리 경제가 소비 중심으로 저성장의 늪에 빠질 가능성이 높다. 가계 부채 관리를 제대로 하지 못할 경우 2014년 이후에 그런 일이 발생할 수 있다.

중국경제·부동산 시장이 열쇠

통계청 가계금융조사 결과 2011년 3월말 현재 국내 전체가구의 가구당 평균 부채액은 5,205만원으로 1년 전에 비해 12.7% 증가했다. 소득분위 별로는 5분위가 4.4%에 그친 반면, 1. 2. 4 분위 계층의 부채는 20% 내외로 급증했고 직종별로는 상용근로자 보다는 자영업 및 임시근로자의 부채증가율이 높아 20% 전후의 부채증가율을 기록했다. 전반적인 가계부채 증가로 총자산대비 가계부채비율도 16.7%에서 17.5%로 상승했다. 한국 가계부채의 55%는 부동산 관련 대출이 차지하고 있어 주택경기에 취약하고 저축은행 및 대부업으로부터 차입한 부채도 빠르게 증가해 대출자산의 건전성이 해가 갈수록 위협받고 있는 실정이다.

여기에 가계부채 중의 상당 부분은 중소기업 및 자영업자의 운영자금 대출로 추정되므로 경기 둔화 시에 가계부채의 건전성 위협정도는 통계적인 수준보다는 훨씬 심각하다. 더욱이 2012년 상반기 회사채 만기가 35조원으로 최근 5년 평균의 약 2배 수준에 달해 기존의 저축은행 부실화 및 PEF부실과 더불어 혹시 가계부채와 기업부채마저도 동시에 금융시장의 안정성을 위협하는 게 아니냐는 우려의 목소리도 있다. 가계와 중소기업, 자영업을 중심으로 한 과도한 부채의 현실은 향후 장기간 금융시장의 잠재적 불안요인으로 남아 있을 것 같다. 또한 실제로 이러한 부채증가와 과도한 부채보유에 따른 소비여력 제한이 내수경기와 부동산경기를 위축시켜 부채와 소비, 자산가격의 하락이라는 악순환의 고리를 벗어나지 못할 가능성을 높이고 있다.

가계부채는 부동산 경기가 좌우

어느 나라나 과도한 가계부채는 금융위기를 촉발하고 국민경제를 장기 불황의 나락으로 떨어뜨리는 구조적 위험요소다. 1920년대 세계대공황을 포함해 지구상의 모든 국가 거의 대부분의 경제위기는 신용팽창, 즉 경제주체들의 빚 문제에서 비롯되었다. 빚의 씨앗이 뿌려지고 빚이 커지고 결국 금융과 실물이 함께 무너지는 과정의 반복이다. 대개는 증가한 가계 빚이 주택을 매입하고 부동산가격이 급등하고 각종 내구재 소비가 급증한 뒤 그 후유증으로 과잉재고를 떠안고 기업(제조업)과 은행(금융업), 가계가 함께 몰락한다. 한국의 가계부채 역시 부동산시장과 밀접해 부동산 경기 향배가 향후 가계부채의 중요한 뇌관임이 틀림없다.

한편 2012년 부동산경기에 가장 영향을 미칠만한 변수는 현실적으로 수출경기다. 이미 바닥권에서 힘을 쓰지 못하고 있는 내수경기는 어쩌면 그다지 중요한 변수가 아니다. 2012년에도 정부는 원화환율 하락을 억제하는 등 내수경기에 여전히 비우호적인 정책을 유지할 것으로 보인다. 그런데 여기서 수출경기마저 꺼지면 내수경기가 더욱 위축되고 중소기업 경기가 후퇴하고 실업률이 올라가면서 소비심리가 더욱 냉각되고 부동산경기가 더 위축될 소지가 있다.

만일 수출경기가 후퇴한다면 그 가장 큰 요인은 무엇보다도 중국경기에 있을 것이다. 중국 한 나라가 우리나라의 연간 무역수지 흑자에 기여하는 비중은 50%를 넘는다. 사실상 우리나라 수출기업 부가가치의 절반 이상을 중국 한 나라가 기여하고 있다는 얘기다.

결국 단순하게 보자면 중국경기가 순환적으로 하강하거나 구조적으로 고도성장 국면을 마감할 때 한국 부동산시장은 심각한 위기를 맞을 수 있다는 판단이다. 물론 국내경기에 영향을 미치는 변수, 특히 주택수급에 영향을 주는 변수는 다양하다. 하지만 상황을 단순화시켜 가장 중요한 변수 하나만을 끄집어 내자면 중국경기를 빼놓을 수가 없다.

중국경제도 부동산·가계에 영향

그런데 순환적인 측면에서 2012년 중국경기의 둔화 폭은 크지 않을 것으로 본다. (중국 경기 편 참조) 또한 구조적인 면에서 볼 때 중국경기가 고도성장기를 마감하고 중저 성장기로 진입하는 시점은 지금 당장 보다는 2015년 전후가 될 가능성이 높다. 2015년은 중국의 12차 5개년 계획이 종료되는 해이며 구매력기준으로 중국의 경제규모가 미국에 버금가는 해이기도 하다.

더욱이 2016년은 우리나라 인구구조가 한 단계 더 고령화로 들어가는 해로 추정된다.

우리나라의 15세에서 64세 인구가 피크를 찍고 내려가는 원년이 2016년이다. 아무튼 지금부터 4~5년 이내에 대내외적으로 주택수요가 꺼질 수 있는 시기가 도래할 확률이 높다는 점을 주목하지 않을 수 없다. 우리 나라 전체 인구 가운데 65세 이상 인구를 보면 2000년 7%에서

2018년에는 14%에 도달할 것으로 전망된다. 이 과정이 일본은 24년 미국의 경우는 무려 74년이 소요됐다. 한국의 고령화 속도가 얼마나 빠른지를 알 수 있는 대목이다.

물론 우리나라의 주택수요는 이미 몇 년 전 중심 경제활동인구가 수축되면서 피크를 지났고 그것이 주택가격에 일부 반영되고 있다고 봐야 한다. 하지만 아직은 중산층의 고용률이 양호하고 주택구매 동기와 구매능력이 가장 높은 40~50대의 베이비붐 세대가 완전히 은퇴세대로 들어가지는 않았기 때문에 주택수요가 어느 정도 버티고 있고 주택의 신용-구매력도 유지되고 있는 것으로 풀이된다.

우리나라도 인구의 추가 고령화로 인해 주택수요가 본격적으로 한 단계 더 하강하면 그것이 금융시장에 큰 부담을 줄 것이 분명하다.

한국은 주택담보대출 가운데 원금 거치형 비중이 높고 또 기존 주택담보대출의 거의 대부분이 변동금리 대출이다. 하지만 은행의 대출위험 버퍼(대출자의 소득을 고려한 대출과 부동산 담보가액을 고려한 대출)가 높고 다른 나라와는 달리 소득 중상위 계층에 주택대출이 집중되어 있는 점이나 주택신용을 담보로 한 파생상품, 특히 위험헷징이 안 되는 CDO와 같은 불량 파생상품이 없다는 점은 매우 다행스러운 일이다. 중산층과 자영업자 중심의 가계부채 채무자들

주요국의 고령화율 및 고령화 도달연수 비교

구분	65세 이상 인구비중 / 도달 연도			소요 연수(years)	
	7%	14%	20%	7% → 14%	14% → 20%
프랑스	1864	1979	2018	115년	39년
이탈리아	1927	1988	2006	61년	18년
독 일	1932	1972	2009	40년	37년
미 국	1942	2015	2036	73년	21년
일 본	1970	1994	2006	24년	12년
한 국	2000	2018	2026	18년	8년

자료 : 통계청, 장래인구추계 결과, 삼성경제연구소

은 경기 민감도가 높아 경기급랭 국면에서 주택담보시장의 금융위험을 높일 여지는 높지만 주
택시장과 가계부채가 당장 금융위기를 초래할 가능성은 높지 않다는 판단이다.

부채 > 자산
악순환 구조로 진입

2011년 상반기말 기준으로 보면 한국의 총 가계부채는 876조원이다. 통계청이 조사한 가계금융조사에 따르면 가구당 부채는 평균이 5,205만원이고 중간에 해당하는 가구의 경우 3,080만원의 부채를 가지고 있다. 최근 10여년간 가계부채는 빠른 증가세를 이어오며 매년 가계부채 문제는 이슈로 자리를 잡았다. 2002년에는 가계부채 위기를 경험한 바도 있어 가계부채에 대한 경계심리는 언제나 높은 수준을 유지하고 있다.

부채는 절대적인 크기뿐만 아니라 건전성이 문제가 된다. 한국 가계는 평균적으로 3억원 정도의 자산을 가지고 있으며 부채 크기는 이의 17.5%인 5000만원 정도이다. 금융자산 만으로도

부채보유가구의 소득대별 금융부채/금융자산 비율

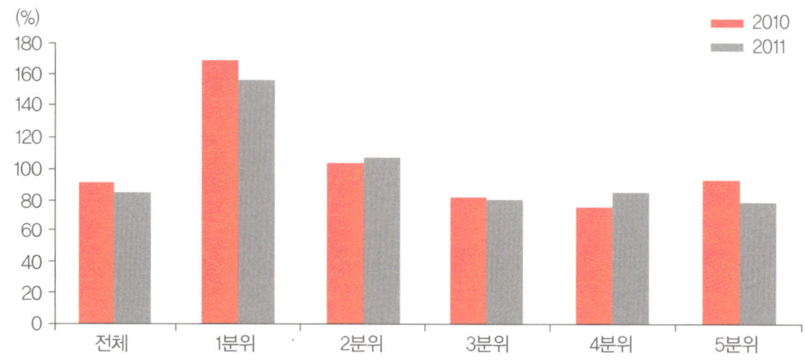

자료 : 한국은행

평균부채보다 많은 6,903만원 정도이기 때문에 가계의 평균적인 부채 상환능력은 아직은 믿을만하다 할 수 있다. 그런데 항상 문제는 평균이 아니라 취약한 계층이 문제가 된다. 약한 부문에서부터 문제가 불거지게 되면 위험도가 높아진 만큼 부담할 이자도 상승하고 이것이 가계부채 문제를 악화시키는 영향을 줄 수 있기 때문이다.

고소득 가구의 가계부채가 더 많아

가계부채 건전성에 대한 우려는 두 가지로 분류해 볼 수 있다. 가계부채가 가계의 신용도 악화와 위기를 초래하는가와 같은 구조적인 문제가 첫째이다.

둘째는 가계부채 문제가 소비에 부정적인 영향을 주는 것과 같은 경기순환적인 영향이라 할 수 있다. 현재는 가계부채의 건전성이 크게 악화된 것이 아니기 때문에 구조적인 위기를 걱정할 단계는 아니다. 따라서 2012년을 조망함에 있어 가계부채라는 이슈는 높아진 부채부담이 가계소비를 얼마나 제약할 지의 문제라 할 수 있다.

일반적으로 가계부채에 대한 우려를 표명하는 경우에는 전체 가계부채의 크기, 혹은 평균적인 개념을 사용해서 설명하곤 한다. 그런데 가계부채의 안정성을 평가하기 위해서는 부채 보

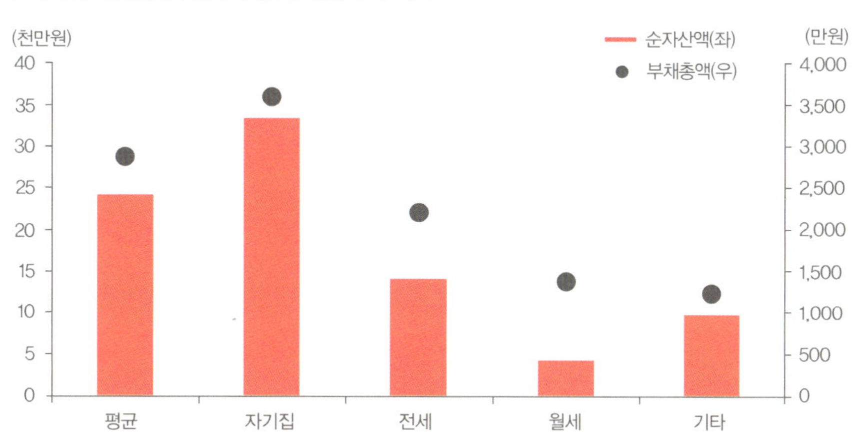

유가구의 실질적인 부채상환 능력이 어느 정도되는지에 기반해서 평가할 필요가 있다. 대부분의 경우가 비슷하겠지만 한국의 경우 고소득 가구일수록 더 많이 부채를 가지고 있다. 가계부채의 상당부문이 부동산관련 부채이기 때문이다. 소득에 따라서, 그리고 자가보유자일수록 더 높은 부채를 가지는 것이다. 이는 한국가계가 부채상환 능력이 평균적인 데이터가 시사하는 것보다 더 높으며 담보가치도 높다는 것을 의미한다.

이런 부채보유의 특성 때문에 부동산 경기에 따라서 가계부채문제의 민감도는 달라진다. 즉, 부동산 가격이 하락하는 경우 가계부채 문제는 더 심각해지지만 부동산 경기가 안정세를 유지하면 현 수준의 가계부채는 유지가 가능하다는 것이다.

가계부채문제는 한동안은 경기와 관련된 이슈이다.

한국 가계는 2010년이후 이자를 받을 수 있는 자산보다 부채가 더 많은 순 채무자로 변했다. 따라서 금리가 상승하면 더 받는 이자보다 더 내야하는 이자가 많다. 금리가 동일하게 1%p씩 상승할 때마다 가계 전체적으로는 3조원 이상 이자부담이 늘어난다. 경기가 좋아져서 소득이 증가해도 금리도 같이 상승하기 때문에 경기가 좋아진다고 소비가 그만큼 늘어나기 어렵다.

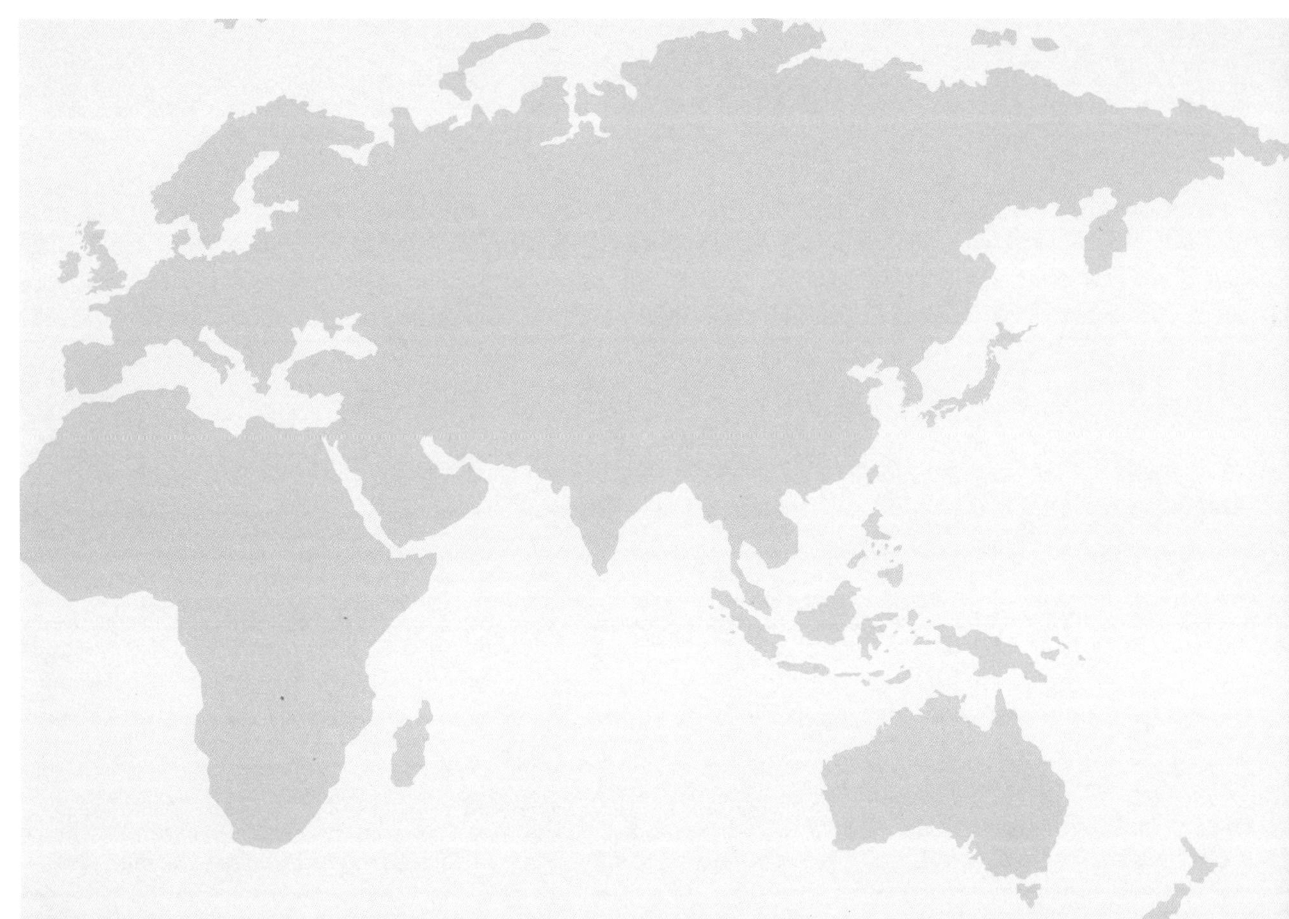

The World in 2012

03

부록

▶ 2012년 주식시장 전망
: 새해 증시에서 기억해 두어야 할 5가지

부록 : 2012년 주식시장 전망
새해 증시에서 기억해 두어야 할 **5 가지**

- 유럽재정위기는 해결에 시간이 걸린다
- 아시아 통화, 자산, 소비증가가 포인트다
- 코스피 지수는 전년대비 보합일 것이다
- 주도주는 타이어, 부품, 항공, 여행, 바이오다
- 정책향방에 따라 배당주를 눈여겨 보라

글 : 대신증권 리서치센터

1. 유럽 재정 위기는 빠른 시일내 해결이 어렵다

미국의 '경제지표 개선'이라는 호재와 유럽의 '재정위기 심화'라는 악재가 새해 초부터 만만치 않은 힘겨루기를 하고 있다.

달리 표현하면, 유럽의 재정위기에 대한 우려감만 사라진다면 KOSPI가 보다 탄력적으로 상승할 수도 있는 상황이다. ECB의 3년 만기 대출 실시, EU정상들의 공조(재정협약 및 유럽안정메커니즘 조기 도입, IMF 재원 확충 등) 등으로 유럽 주요국의 국채 수익률이나 은행들의 CDS프리미엄은 위기감이 고조되었던 2011년 11월 수준보다는 크게 낮아졌다. 향후에도 ECB 통화정책회의나 EU 재무장관 및 정상간 회담 등이 줄줄이 예정되어 있어 재정위기 해결을 위한 해법들이 속속 제시될 가능성도 얼마든지 있다. 이 경우 유럽 사태에 대한 안도감을 바탕으로 미국의 경기회복 및 중국의 긴축완화 기대감 등이 어우러지며 예상 밖의 빠른 주가 상승을 이끌어낼 가능성도 크다.

그러나 이러한 기대에도 불구하고 유럽 사태가 근본적인 해결국면을 맞으려면 더 많은 시간이 필요해 보인다.

이유는 재정 위기국들이 재정건전화를 이룰 수 있는 역량이나 환경이 부족해 보이기 때문이다. 내핍을 통해 재정을 건전하게 만드는 것에는 한계가 있으며 외부로부터 돈을 벌어들여야만 재정위기를 빨리 극복할 수 있다. 그러나 〈그림 1〉의 이탈리아와 마찬가지로 유럽에서 재정위기를 겪고 있는 국가들의 대부분은 유럽 역내 교역에 의존하고 있다.

유럽의 수요가 점차 약화될 가능성이 있기 때문에 단기에 그것도 자력으로 재정위기를 극복하기는 어려워 보인다. 대외무역을 통한 경제회복이 어려운 상황에서 정부지출 감소나 소비감소가 이어질 경우 GDP 대비 재정적자의 규모는 좀처럼 줄어들기 어려워 지고, 국제 신용평가사들의 신용등급 강등이라는 공격 또한 지속될 가능성이 크다.

2월부터 돌아오는 이탈리아 국채 만기도 2012년 증시에 큰 부담이다. 만기가 돌아오는 국채가 많더라도 상환발행만 제대로 이루어진다면 문제가 되지 않을 수 있다. 이는 정상적인 상황에서 그렇다. 그러나 금융위기가 갖는 자기실현적 속성상 대규모 만기가 연속적으로 돌아온다는 사실 자체가 심리적인 부담으로 작용하며 국채 금리의 상승을 가져올 수 있다.

국채 금리의 상승은 또 다시 국채 발행시 응찰률 하락 및 발행금리 상승으로 이어져 발행국의 자금 조달 부담을 가중 시킨다. 이 역시 국제신용평가사들이 국가 신용등급을 강등할 수 있는 근거가 되며 대상국의 자금조달 비용은 더욱 상승하는 악순환이 계속될 수 있다.

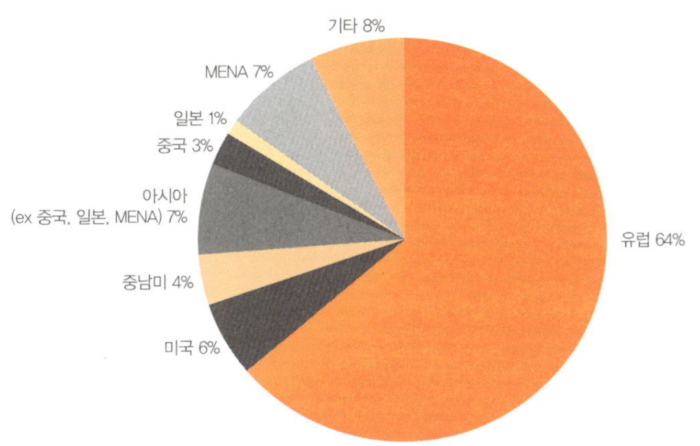

〈그림 1〉 이탈리아 수출 대상국 비중 : 대부분 유럽

자료 : Bloomberg, KITA, 대신증권 리서치센터
주 : 2011년 상반기 금액 기준

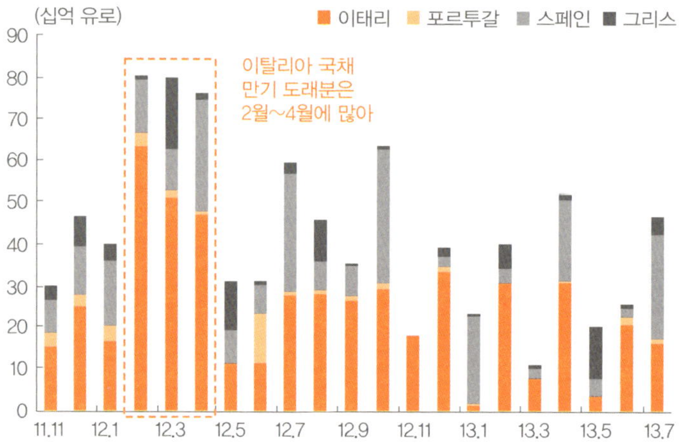

자료 : Bloomberg, 대신증권 리서치센터

2. 저성장, 저금리, 저수익률 시대 지속 / KOSPI, 보합권 정도의 연간상승률 예상

재정위기로 인한 디레버리징이 불가피한 측면에서 유럽을 포함한 글로벌 경제는 성장이 정체될 것으로 예상한다. 유럽은 조만간 이중침체 우려감이 나타날 것으로 보인다.

유럽의 수요 둔화는 유럽은 물론이고 유럽을 주요 수출대상국으로 두고 있는 아시아 경제의 성장률도 둔화시킬 전망이다. 회복세를 보이고 있는 미국 경기 역시 유럽 재정 위기가 현재 수준보다 더욱 심화될 경우 경기침체 우려감이 다시 되살아 날 수 있다. 아직 미국의 경기는 정상 수준으로 완전히 회복 되었다고 보기 어렵기 때문이다.

저성장은 필연적으로 저금리와 주식시장에서의 저수익을 낳는다. 미국 연준은 이미 2013년 중반까지 제로금리를 유지하겠다고 공언했다. 유럽 중앙은행 역시 2011년 11월부터 다시 기준금리를 인하하기 시작했다. 주식시장도 확실한 경기회복과 기업이익 개선의 여지가 적기 때문에 추세적인 상승을 예상하기 어렵다.

장기 경제성장률과 장기 주식 수익률이 낮아지는 기조는 이미 2005년 이후 진행되고 있는 현상이었다〈그림 3〉. 선진국 경제와 금융시장의 저성장, 저금리, 저수익률 현상은 신흥시장에도 일부 영향을 미치게 된다. 특히 한국의 경우는 신흥경제와 선진경제의 중간적 위치에 있다고 볼 수 있다. 한국에서도 장기 경제성장률 하강에 따라 장기 주식수익률과 금리의 하락이 나타났다〈그림 4〉

따라서 2012년 KOSPI의 연간 상승률은 보합(0%) 수준에서 마무리될 것으로 예상한다. 2012년 상반기 중에는 유럽 재정위기 진정에 따른 안도랠리와 재확산에 따른 주가 충격이 동시에 나타나는 변동성 장세를 예상하고 있다. 그리고 유럽 재정 위기를 수습해 가는 하반기에는 KOSPI의 완만한 반등을 전망한다. 그러나 결국 2011년 KOSPI 종가에 대비한 2012년 KOSPI 종가는 큰 폭의 상승세를 기록하기 어려워 보인다. 미국, 유럽, 그리고 중국까지 경제

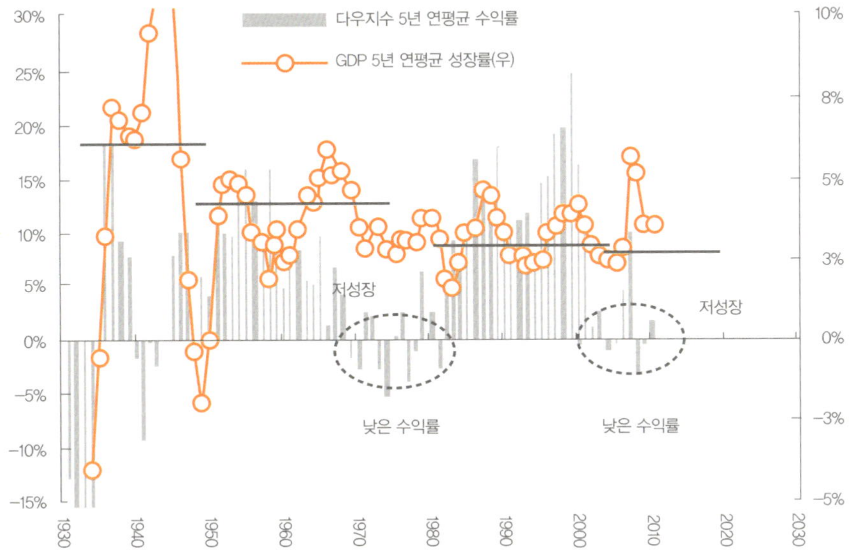

〈그림 3〉 미국 저성장(GDP), 저수익률(주식)

자료 : Bloomberg, 대신증권 리서치센터
주 : 다우지수와 실질 GDP의 5년 평균 수익률은 지수값과 GDP값의 5년 기하평균임

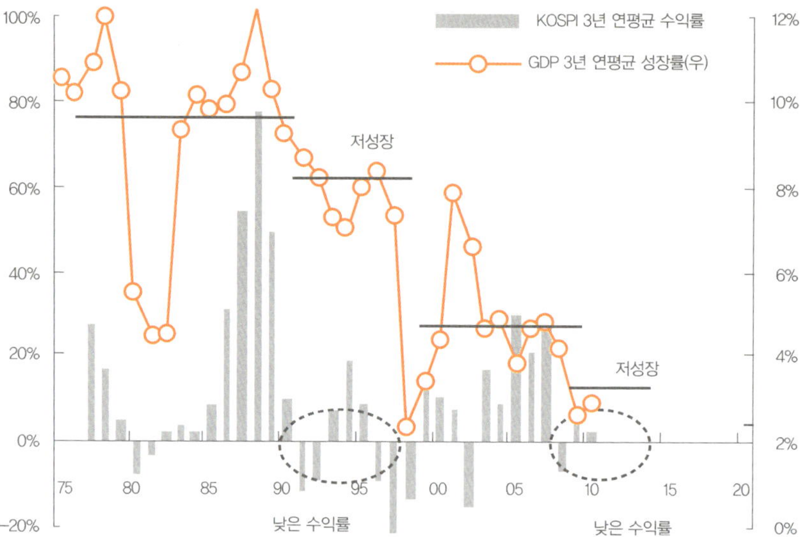

자료 : Bloomberg, 대신증권 리서치센터
주 : 다우지수와 실질 GDP의 5년 평균 수익률은 지수값과 GDP값의 5년 기하평균임

성장 속도가 둔화될 경우 한국의 기업이익이 빠르게 늘어나기 어렵기 때문이다.

2012년 주식시장의 수익률을 높게 보지 않는 또 다른 이유는 2012년 역시 '정치 리더쉽의 부재'에 따른 위험이 있기 때문이다.

2012년은 미국의 대통령 선거가 있다(11월). 1990년 이후 대선 년도의 주가 수익률은 그 전년도보다 좋지 못했다〈그림 5〉. 2012년은 한국의 총선/대선, 프랑스 총선/대선, 그리고 중국의 선거(공산당 전국 대표 대회)가 예정되어 있다. 정치적 이슈가 주식시장에 크게 영향을 줄 가능성이 있다고 판단한다.

2011년 8월의 세계 주식시장 하락 충격을 '정치 리더쉽의 부재'(오바마 정부가 미국 부채한도 상향 조정 문제에 대한 합의를 일찍 끌어내지 못하고 결국 국가 신용등급 하향조정을 겪음)로 본다면 2012년은 정치적 불협화음이 보다 커질 수 있는 시기라고 판단한다.

3. 아시아 통화 / 자산 / 소비의 강세는 필연이다

2012년 투자 아이디어를 얻는데 있어서 가장 중요하다고 생각하는 변수는 '아시아 통화의 상대적 강세, 자산의 강세, 소비의 증가'라고 판단한다. 이를 위해서는 글로벌 자금의 아시아 유입이 전제되어야 하며, 이 변화는 2008년 금융위기 이후부터 이미 진행되고 있다. 또 유럽의 재정위기가 심각하게 부각된 이후 이러한 흐름은 가속화 될 것으로 기대한다.

2012년 상반기 중 이탈리아 및 프랑스의 신용등급 하강으로 유럽 재정위기가 재점화 될 경우, 또 그 때에 미국 경기 둔화 우려감이 가세할 경우 미국, 유럽, 또는 일본까지 무제한 유동성 공급을 시작할 것으로 예상한다. 미국이 3차 양적완화(QE3)를 시행하게 되는 것이다.

미국에서 3차 양적완화가 시행될 경우에도 2차 양적완화(QE2) 때와는 달리 과도한 상품가격 상승과 그에 따른 인플레이션은 나타나지 않을 것으로 전망한다. 먼저 2012년 상반기의 물가수준은 2011년보다 부담스럽지 않을 것으로 예상하기 때문에 선진국의 공조화된 유동성 확대가 가능할 것으로 예상한다.

〈그림 5〉 미국 대선 주기와 주가 상승률(다우지수)

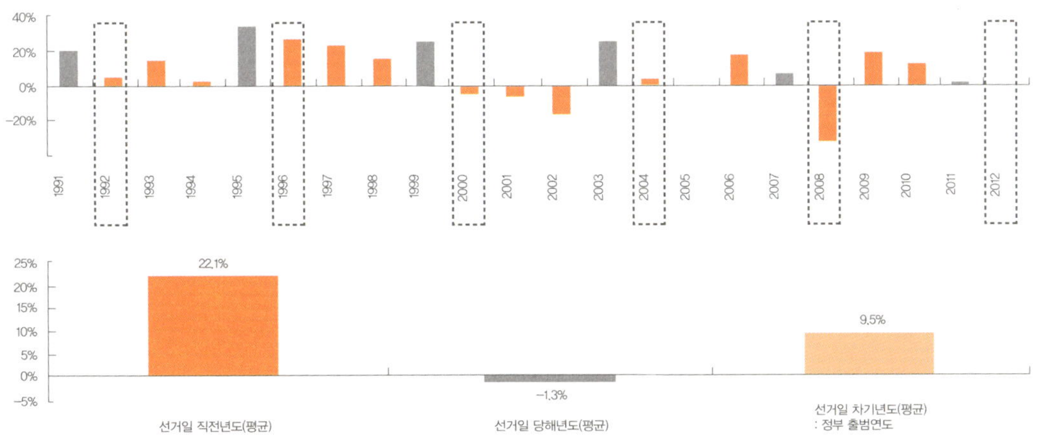

자료 : Bloomberg, 대신증권 리서치센터
주 : 박스 년도(1992년부터 4년 주기)의 11월에 미국 대통령 선거를 치른다.
　　이 그림은 '2011년 하반기 전망' 자료에서 이용했다.

미국 정책 당국자들에게는 QE2의 망령이 있을 것이다. QE2가 종료 되기 전에 유럽은 물가를 잡기 위해 기준금리를 인상하기 시작했다. 이것은 달러가치(달러지수)를 보다 빠르게 하락시킨 요인이라고 판단한다. 따라서 글로벌 자금의 달러 약세 베팅 가속화로 상품 가격 강세가 나타나고 수요가 부진한 상황에서도 인플레이션이 발생했다. 이후 잠재 수요의 위축이라는 악순환 과정이 나타났다고 해석한다.

그러나 2012년 상반기중 유럽 재정위기가 심각하게 부각된 이후라면 미국과 유럽이 동시에 돈을 풀게 되어 글로벌 자금의 공격적인 달러 약세 베팅은 나타나지 않을 수 있다고 판단한다.

2011년 유럽의 재정위기는 글로벌 자금의 안전자산 선호 현상을 유도했고 그 결과로 달러 강세 현상이 나타났다. 그러나 2012년에도 추세적인 달러 강세 현상이 나타날 것으로 예상하지 않는다. 그것은 미국의 금리가 상당기간 제로금리로 유지될 것으로 전망되기 때문이다. 1990년대 후반처럼 미국 경기 확장 속도가 빠르고 위험자산 선호가 강해질 경우를 제외하면 장기적으로 장기 국채금리와 달러 가치는 같은 방향으로 움직이기 때문이다〈그림 6〉.

유럽의 재정위기 중에서도 QE3가 시행될 경우 달러 강세는 추세적으로 나타나기 어렵다고 판

〈그림 6〉 추세적 달러 강세가 나타나기 어려운 여건 : 저금리

자료 : Bloomberg, 대신증권 리서치센터

<그림 7> 달러지수 구성 바스켓

<1973 to 1999>		
독일	Mark	20.80%
프랑스	Franc	13.10%
이탈리아	Lira	9.00%
네덜란드	Guilder	8.30%
벨기에		6.40%
+		
일본	Yen	13.60%
영국	Pound	11.90%
캐나다	Dollar	9.10%
스웨덴	Krona	4.20%
스위스	Franc	3.60%
합계		100.00%
<1999 to present>		
Euro		57.60%
+		
일본	Yen	13.60%
영국	Pound	11.90%
캐나다	Dollar	9.10%
스웨덴	Krona	4.20%
스위스	Franc	3.60%
합계		100.00%

자료 : Bloomberg, 대신증권 리서치센터

단한다. 반대로 QE2와 같은 빠른 달러 약세 현상도 나타나기 어렵다고 판단한다. 〈그림 7〉에는 달러지수를 구성하는 통화들이 나타나 있다. 미국과 함께 유럽, 그리고 일본까지 돈을 풀게 된다면 이론적으로 달러가치(달러지수)는 고정될 수 있다. 그렇게 되면 달러로 표시된 상품가격의 거품(상품가치 척도의 하락으로 인한 상품 강세)을 막을 수 있게 된다.

 금융시장 충격, 그리고 충분한 양의 통화 공급, 그리고 그 다음 수순은 무엇일까?

달러지수 구성 바스켓에 없는 통화로의 자금이동이다. 이로 인한 아시아 통화 강세, 자산가격 강세, 소비 확대를 예상한다. 2008년 금융위기 이후 글로벌 경제의 해법을 아시아 통화/자산/소비의 버블로 돌파하는 시나리오가 전개될 것으로 전망한다.

4. 주도주는 저성장, 아시아에서 찾아라 / 자동차타이어, 부품, 항공, 바이오주

2012년 주식시장의 주도주 역시 저성장/저금리/저수익률 그리고 아시아 통화의 강세라는 틀 속에서 찾아야 한다. 또 새해 예상 KOSPI 수익률을 보합 정도로 생각하기 때문에 연간 주도주 또한 시가총액 최상위주는 아닐 것으로 판단한다. 당사가 판단하는 새해 주도주는 자동차 타이어 및 부품주와 항공주이다. 여기에 바이오주와 여행주도 가세할 가능성이 있다고 예상한다.

첫째, 자동차 타이어 및 부품주이다.

글로벌 신용 및 경기 위험은 글로벌 투자자들로 하여금 '일본의 잃어버린 10년'을 연상케 한다. 특히 1990년대 전반부의 일본은 디레버리징으로 인한 저성장/저금리/저수익률 국면의 초기단계였다. 일본의 저성장이 인식된 1992년부터 1995년까지의 주식시장에서는 타이어주식이 큰 폭으로 상승했다〈그림 8〉. 대표적인 타이어 주식인 브릿지스톤은 시장(Topix지수)과는 반대로 빠른 주가 상승을 나타냈다〈그림 9〉.

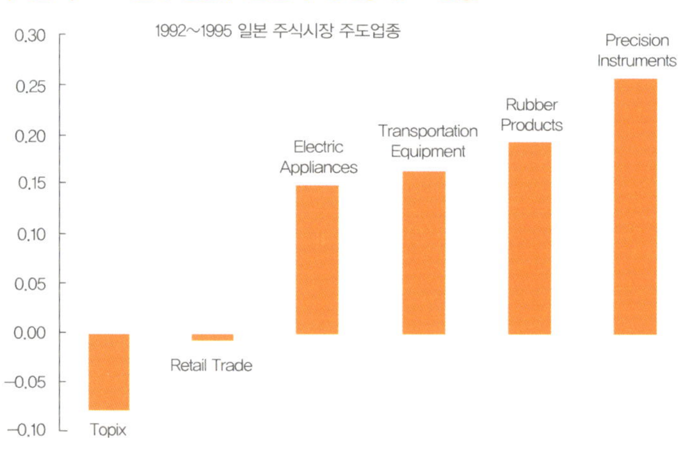

〈그림 8〉 1990년대 전반부 일본 주식시장 주도 업종

자료 : Bloomberg, 대신증권 리서치센터
주 : 1990년대 전반부의 주도업종임. Precision instrument: 정밀기계(주로 카메라), Rubber Products: 주로 타이어, Transportation Equipment: 주로 자동차

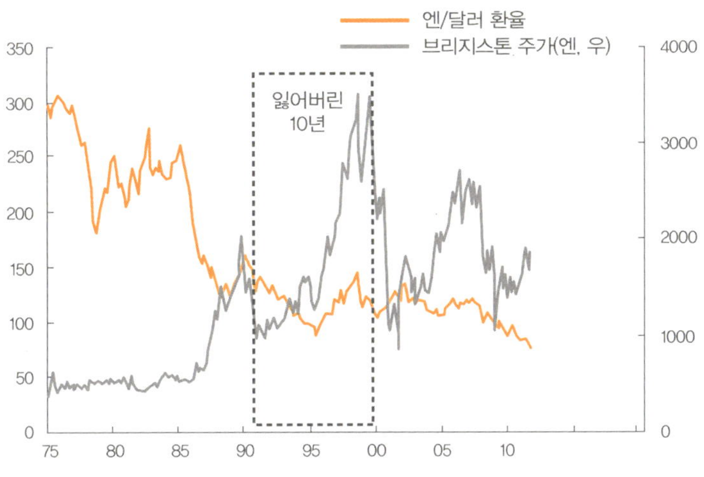

일본의 타이어 업체들은 자동차 메이커들의 약진이 지속되는 수혜를 받았고 엔화가 강해지면서 달러표시 원재료 부담이 경감되었을 것으로 추정된다. 2012년의 한국의 타이어업체도 같은 입장일 것이다. 글로벌 역량이 강화된 한국 자동차 메이커의 수혜를 받을 수 있고 원/달러 환율 하락으로 인한 원가(원재료비) 부담을 덜 수 있다.

추가적으로 중국의 자동차 생산량 증가에 따른 수혜와 한국 자동차 부품 및 타이어 업종의 리레이팅(가치 재평가)도 2012년 예상 주도주의 배경이 될 수 있다. 중국 내 자동차 생산량의 증가는 지리적으로 인접하고 있으며 핵심 기술력을 검증 받고 있는 한국의 자동차 부품과 타이어사에 대한 리레이팅의 배경이 될 수 있다.

두번째는 항공주이다.

당사 예상대로 2012년 상반기 중 글로벌 증시의 조정이 나타나게 된다면 항공주 주가는 일시적으로 하락할 수 있다. 글로벌 신용경색과 함께 경기침체 우려감은 항공 수요 부진 우려감을 동반할 것이기 때문이다. 그리고 일시적으로 원/달러 환율은 급상승할 수 있다. 항공주의 약진은 이러한 충격 직후로부터 시작된다.

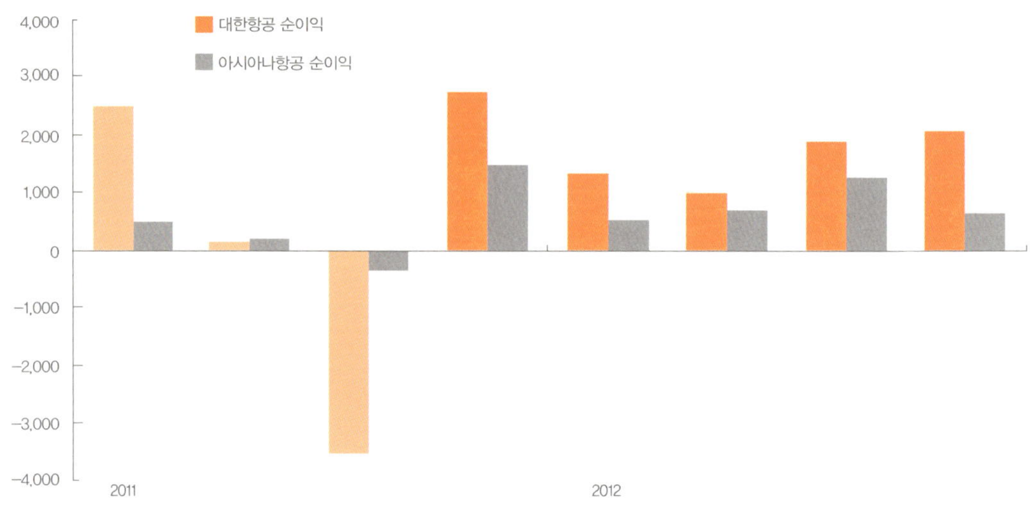

자료 : Fnguide, 대신증권 리서치센터
주 : 각사의 지배주주 귀속순이익 기준. 2011년 4분기 이후는 컨센서스

새해에는 상당한 기저효과(2011년)에 의한 이익 개선이 가능할 것으로 기대한다. 2012년 턴어라운드가 가능한 매크로 환경은 원/달러 환율 하락, 국제 유가 안정, 일본 지진여파로 인한 수요 위축 진정, 글로벌 경기침체 우려감 소멸 등이다. 현재의 이익전망 컨센서스도 2012년 턴어라운드 기대감을 반영하고 있다〈그림 10〉. 2012년 이익기준 항공주는 매력적인 PER 수준에 도달했다고 판단한다.

매크로 측면에서도 항공주는 아시아 통화 강세의 최고수혜 업종으로 판단한다. 중국과 동남아의 통화 강세는 한국행 입국 수요와 환승 수요를 증가시킬 것으로 예상한다. 여기에 한미 FTA에 따른 화물 수요 증가(자동차부품 등) 기대감은 미국 IT 수요의 불확실성을 상쇄할 수 있다고 판단한다.

셋째, 바이오주와 여행주도 관심 대상이다.
2012년 선진국 경기(글로벌 경기)의 불확실성은 여전할 것으로 예상한다. 따라서 증시에는 성장에 대한 동경이 표출될 수 있다. 바이오주가 대표적일 것으로 예상한다. 한국 기업의 장기적인 먹거리 사업에 대한 시장 기대감이 분출할 수 있다고 판단한다. 특히 2012년은 선거(총선/대선)가 예정된 해 이기도 하다. 정책 기대감까지 가세할 수 있다고 판단한다. 바이오주는 기관, 외국인보다는 개인투자자들이 보다 중요한 수급주체인 것으로 보고 있다. 투신권과 외국인의 자금 유입을 확신하기 어려운 상황이지만 개인들의 대기 매수여력은 2012년에도 풍부할 것으로 예상한다. 2012년에는 국내 바이오업체들의 주요 파이프라인들의 상업화가 임박하면서 실제 수익 발생에 대한 기대감이 높아질 것으로 기대된다.

2012년에는 여행주 또한 관심 대상이다. 국내에서 해외로 나가는 여행자수가 크게 증가할 것인가에 대한 의문은 남아 있지만 원화 강세 수혜가 예상되고, 항공주가 상승한다면 동반 상승 가능성도 있기 때문이다. 2011년 빠르게 늘어난 외항사 및 저가항공사로 인해 대형 여행사 협상력이 강화될 것으로 전망된다.

5. 배당투자의 매력 높아진다

2012년에는 배당에 대한 시장의 고민과 관심이 커질 수 있다. 2012년 이후는 기업이익의 증가 속도보다 배당이 늘어나는 속도가 빠를 것으로 예상한다.

그 이유는 첫째, 2009년 이후 기업들의 유보 현금이 많아졌을 것으로 예상되고 있고, 둘째, 경기 전망이 불확실한 가운데 기업들이 과감한 투자에 나서기 어려울 것으로 예상되고, 셋째, 기업이익 개선속도가 더 이상 가속되기 어렵기 때문이다. 여기에 정부가 부자세 세입의 일환으로 고배당을 장려하면서 세수 확대를 꾀할 가능성도 있다는 점을 고려할 때, 배당주 투자에 대한 매력도 높아질 것으로 예상한다.

물론 여기에는 '은행의 고배당에 대한 정부의 비판'같은 변수가 숨어있긴 하지만 제조업까지 포함한 시장 전체의 일반적인 상황으로 자리잡기에는 한계가 있어 보인다.